▲ 常州制造业历史传统：晚清时期著名实业家盛宣怀

▲ 常州早期的制造业：1960 年最早试制成功的中型电力机车出厂

▲ 常州早期的制造业：第一台丰收牌 35 拖拉机研制成功

▼ 常州早期的制造业：1979 年，S195 柴油机、东
拖拉机、荷花牌灯芯绒、水月牌卡其布获国家金

▲ 常州天宁区风景：天宁宝塔

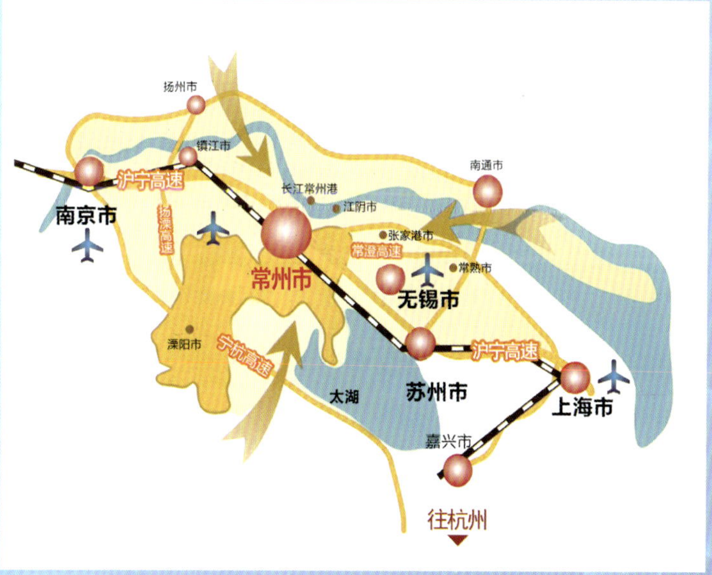

▲ 常州区位优势

常州市天宁区工业互联网产业基地

中国航天科工集团云制造先导中心

项目位于武澄路北侧、丁塘港西路东侧、和平二路西侧、新堂路南侧，规划用地面积约13.9公顷，总建筑面积约35.3万平方米。

项目致力于“一平台两中心”（国家级区域性工业互联网平台、云制造创业服务中心、云制造产业集聚中心）建设，立足江苏，为长三角区域广大企业提供产品全生命周期管理、智能改造、企业经营分析和优化、企业能力协同、区域工业大数据集聚的完整链路服务，力争在3-5年内打造千亿级产业平台。

工业互联网—中国航天科工集团云制造先导中心建设规划

▲ 2017 年 7 月 18 日，中国航天科工集团公司董事长高红卫到访常州，推动航天科工云制造先导中心落地常州

▲ 2018 年 10 月 18 日，中国航天科工集团有限公司董事长高红卫视察常州航天科工云制造先导中心

◀ 2018 年 5 月 6 日，原中国航天科工集团公司党组书记、总经理夏国洪深入现场调研指导航天云网常州工业互联网实践

▲ 2019 年 3 月 29 日，中国航天科工集团有限公司党组副书记、总经理刘石泉视察常州航天科工云制造先导中心

▲ 2018 年 3 月 29 日，江苏省省长吴政隆视察江苏航天云网

▲ 2017 年 7 月 25 日，时任常州市委书记、现任江苏省副省长费高云现场视察推动航天云网工业互联网工作

▲ 2018 年 5 月 17 日，江苏省副省长马秋林调研江苏航天云网

▲ 2019 年 3 月 29 日，中国航天科工集团有限公司党组副书记、总经理刘石泉会见常州市委书记汪泉

▲ 2018 年 11 月 23 日，工信部信软司司长谢少峰参观工业互联网云制造体验中心

▲ 工业互联网云制造体验中心外景

工业互联网云制造体验中心内景——序厅

工业互联网云制造体验中心内景——时光走廊

工业互联网大厦

“百企先行，千企上云”动员大会

▲ 设备上云工厂现场，工程师正在进行设备安装调试工作

航天科工出版基金资助出版

工业互联网创新之路

——常州模式实践

祝守宇　林雪萍　著

中国宇航出版社

·北京·

图书在版编目（CIP）数据

工业互联网创新之路：常州模式实践 / 祝守宇，林雪萍著. --北京：中国宇航出版社，2019.4

ISBN 978-7-5159-1620-0

Ⅰ.①工… Ⅱ.①祝… ②林… Ⅲ.①互联网络－应用－工业发展－研究 Ⅳ.①F403-39

中国版本图书馆 CIP 数据核字(2019)第 070532 号

责任编辑　黄　莘
责任校对　马　喆　　**封面设计**　宇星文化

出版发行	中国宇航出版社		
社　址	北京市阜成路 8 号	邮　编	100830
	(010)60286808		(010)68768548
网　址	www.caphbook.com		
经　销	新华书店		
发行部	(010)60286888		(010)68371900
	(010)60286887		(010)60286804(传真)
零售店	读者服务部		
	(010)68371105		
承　印	河北画中画印刷科技有限公司		
版　次	2019 年 4 月第 1 版		2019 年 4 月第 1 次印刷
规　格	880×1230	开　本	1/32
印　张	6.75　**彩　插**　12 面	字　数	199 千字
书　号	ISBN 978-7-5159-1620-0		
定　价	60.00 元		

本书如有印装质量问题，可与发行部联系调换

序　一

航天云网公司与常州市政府和企业密切结合，探索出了一种实践工业互联网的“常州模式”，虽然还是“雏形”，但是对促进我国工业互联网建设有借鉴价值。首先，他们注重发扬常州地区企业已有特色。例如，常州已有的“政企协同、工程师敬业的精神”和“一条龙协作生产模式”，以及其企业多属民营、中小型制造业等特色，他们在深入调查研究的基础上，有针对性地提出了解决方案，类如俗语说的“接地气”。其次，他们运用航天系统工程的思想，将工业互联网涉及的政企学研用以及人财物信等联动，在考虑运营全过程和产品全寿命周期中，提出“以设备为中心系统优化”，并注重考虑了系统的整体性、关联性、综合性和满意性。三是构建了纵横交错的云网结构。利用航天云网建设了共用的贯通设备和网络管理、应用开发、数据服务与第三方系统连结，并连通底层设备、企业业务需求和其他IT系统的横向主云平台，同时针对常州各不同行业，建设了企业子云平台，打通了设备连结，实现了远程监控等。四是构建了区域互联网公共服务平台。利用大数据实现区域人财物信智等资源的协同运营、服务和共享。他们提供的“设备远程监控”“一键报修”等，提高了企业运行效率，深得企业欢迎。

《工业互联网创新之路——常州模式实践》一书，就是作者对于在常州工业互联网实践的阶段性小结。希望今后在实践中，进一步完善网络建设，建立标准规范，加强智能深度学习、大数据分析挖掘，为政企、社会提供更好的服务，能使“常州模式”成为国家推广的工业互联网模式。

希望大家能从本书中有所收获、有所启发。

夏国洪

原中国航天科工集团公司党组书记、总经理

2019年4月3日

序　二

美国GE公司在2012年最早提出了工业互联网的理念。它已成为许多国家制造业向智能制造转型升级的一种重要的制造模式、手段与业态。针对由制造大国向制造强国发展战略需求，我国也提出了类似的理念，如制造云和工业云等。宏观上讲，这些理念均是基于新互联网，将人/组织、产品、制造装备、能力、数据、材料、资金、智能分析管控与执行系统等智能地连接在一起，构成一个人、赛博空间与物理空间深度融合的智能制造系统，从而大大提高制造业的创新能力、制造能力和服务能力，实现工业的再次革命。当进一步深入分析各种工业互联网的模式、手段和业态时，将发现各自提出并实现的系统又具有自身不同的背景与特色。

中国航天科工集团有限公司开发的“制造云”——航天云网，是一种具有中国特色的工业互联网。它围绕提高制造企业市场竞争力的目标，以工业化与信息化融合为主线，基于中国制造业信息化工作，突出了以大国向强国迈进转型升级的需求牵引制造系统的建设，突出了以建立智慧云制造新模式、新手段、新业态为核心，突出了工业2.0/3.0/4.0同步发展为途径，突出了发挥“政、产、学、研、金、用”的团队力量，构建了“众智、众包、众扶、众筹”的“万众创新、大众创业”新局面，进而实现了高效、优质、节省、绿色、柔性地制造产品和服务用户，达到了提高企业市场竞争能力的目标。实践表明，航天云网是实施我国工业互联网战略行动，进而迈向制造强国的一种有效的制造模式、手段与业态。

中国工业互联网的发展必须符合国情，走出具有中国特色的道路。作为航天云网的重要实践范例，本书的作者及其团队结合常州地方政府以及当地企业的实情，开展了一系列有价值、有意义的探索工作，取得了良好的效果，为建设具有中国特色的工业互联网作出了他们的努力与贡献。我期望本书的读者能从他们的经验中获得有益的收获。

李伯虎

中国工程院院士

2019 年 4 月 26 日

序　三

在对工业互联网的产生背景、性质及发展思路进行综合探索的基础上，针对中国工业互联网发展的典型场景，以常州市与航天云网合作的工业互联网试点为原型，通过理念与实践的上下互动，为苏南经济转型升级归纳出一套初始的理性构架和践行方法，在当前制造业转型升级发展的关键时期，本书应运而生，它所提出的思路和方法应予以关注。

工业互联网是一个长期的复杂命题，顶层设计需要结合产业实践相互作用、迭代发展。我们可以从两个不同的视角观察工业互联网的演化进程：一种视角是从“工业”看“互联网”，即从发展工业的角度自下而上地观察互联网的增值效益，将工业的转型升级看作是依托互联网的关系结构将各种技术要素（物联网、云计算、工业大数据、人工智能等诸多技术范畴）的整合过程将新型信息化的手段利用在工业领域，这是一种渐进式的发展，目标旨在提高当前工业生产效率、提高产品质量、改善产品服务。这种侧重技术及其应用的跨界交叉融合催生了工业在新型智能化场景下演进的工业范式。《工业互联网创新之路》对互联网的增值效益进行了解析，并对如何将新技术与创新观念有机地结合在一起，进行了生动的案例说明。

观察工业互联网的另一种视角是从“互联网”看“工业”，是自顶向下地观察工业的演化路径。互联网作为技术工具（包括智能工具）提供了社会生活前所未有的红利，人们往往将互联网看作是无所不能的利器（如“互联网＋”的各种策略）。除了技术工具的革命，互联网最本质的特征是开辟了一个新时代。传统工业革命的性质是单一技术要素（蒸机、电的发明）的革命，这一革命引发了机械化、电气化，实现了对人类的“体力替代”，改变了人类的生产结构；而互联网第一次通过多元的主体之间、主客体之间的“关系结构”构成综合技术要素的革命，引发了智能化，实现了对人类的“脑力替代”，改变了人类的社会结构。互联网与工业革命相区别的“智能属性”（脑力替代）和“数字形态”开启了人类社会新的进化轨道。其“属性”和“形态”不会因为技术更新而异化，它颠覆着传统的生产方式和生活方式，它在改造传统需求的同时创生着新的社会需求，支配、主导着人类社会生活的演化进程。从这个意义上说，互联网重构了一个全新的时代。

从这个视角来看，从互联网的产生发展带来的人类的社会活动由现实的物理世界向虚拟的数字世界全面迁徙的时代背景下，工业转型升级的性质是用智能化的数字形态重构产业、行业的传统关系结构。人们往往因为强调行业的壁垒和特殊性，低估了互联网的颠覆性力量。过去的20年中，互联网以惊人的速度彻底改变了通信、社交、传媒、金融、物流、出行等行业。可以确定，在下一个20年，互联网会对人类创造的最大的行业——工业也会进行彻底的颠覆和改造，会诞生今天所未知的全新的商业模式，也会诞生BAT一样的新的工业生产的巨头企业。《工业互联网创新之路》以“人联网”为起点，以人、物、务的三网合一为目标，将技术和产业发展综合理念融入工业互联网的概念之中，探讨研究构成与结构演化相连接的整体思想，这也是十分难能可贵的。

杜链

国家信息化专家咨询委员会委员

国家信息中心原副主任

2019年4月27日

序　四

“我是江南第一燕”，是我党早期领导人、“常州三杰”之一瞿秋白先生的诗句，生动阐释了“勇争一流，耻为第二”的新时代常州精神。改革开放初期，以常州为代表的苏南地区重点发展集体所有制经济，推动企业经营承包责任制。这种经济发展模式被总结为“苏南模式”，取得了巨大成功，并掀起了“全国中小城市学常州”的浪潮。然而，随着近年来人口红利的逐渐消失，全球化竞争出现了新形势和新特点，常州制造面临着非常迫切的转型需要。站在新时代的关口，如何在新一轮的产业变革中下好“先手棋”，抢占“制高点”至关重要。如何在常州的产业“高原”上做高“常州高峰”，如何培育“瞪羚”企业、“独角兽”企业，成为时代赋予我们的新命题。

“春风先发苑中梅，樱杏桃梨次第开。”当工业互联网的春风吹至，航天云网在常州市天宁区的落地生花，便是这春风中的“早梅”。面对常州制造业基础扎实、中小企业众多的有利条件，常州把发展工业互联网作为引领产业发展迈向中高端、推动制造业在全球竞争中勇立潮头的关键一招。工业互联网的价值不仅仅在于对单个企业的提质增效，更为重要的是，通过工业互联网，建立共享制造资源的公共服务平台，将巨大的社会制造资源池连接在一起，提供各种制造服务，实现制造资源与服务的开放协作、社会资源高度共享，从而形成了“企业有组织、资源无边界”的状态，个别企业的短板可以被区域其他企业的优势所弥补。

自2017年12月开始，常州市天宁区牵头，启动了“百企先行，千企上云”专项行动，组织近50个专项工作小组、150位工作人员，奔赴市场和工厂一线推动企业上云，成为中国工业互联网历史上首个大规模上云的区域，打响了中国工业互联网落地的第一枪。截至目前，实现3757家企业上云，基本实现区域规模以上企业的全覆盖。常州政企联动的组织方式、“一横多纵”的平台体系、“五星上云”的模式被总结成“常州模式”。

但我们也清醒地看到，工业互联网的发展正处在产业格局未定的关键期、规模化扩张的窗口期和抢占主导权的机遇期。发展有中国特色的工业互联网创新之路，还应打好“五大战役”：一是打好“持久战”。工业互联网是个新生事物，其外延和内涵还在不断地衍生过程中，工业互联网对企业的价值还需要一段时间才能充分体现，需要不忘初心，坚守以“功成不必在我，成功必须有我”的情怀，久久为功。二是打好“游击战”。工业互联网还处在启动阶段，有很多探索性的工作，需要我们主动出击、边学边干，在实践中发现问题，在解决问题的过程中不断积累经验。三是打好“攻坚战”。工业互联网对于行业的价值，在于普及应用后采集的大量数据信息。要攻坚克难、持之以恒地推动企业上云、设备上线，实现“云”“网”全覆盖，做大基础数据的采集规模。四是打好“歼灭战”。针对低端低效产线和产能，通过对大企业量身定制，提供完整链路服务；对中小企业，建设行业子平台，提供标准化、一站式的普遍应用，分类施策，推动区域制造业全面提档升级。五是打好“阵地战”。以航天云网的平台为基础，汇聚专业的智库、科研机构、平台运营企业、工业APP提供商等，构建完整的产业链生态，打造一个百亿级的产业集群。

本书的两位作者作为航天云网和常州工业互联网事业的主要推

动者和见证者，对于常州探索有中国特色工业互联网的实践之路进行了总结，反映了常州在借力工业互联网这一战略新兴产业助推常州工业转型升级方面的思考，希望能对其他区域推进工业互联网事业有一定的借鉴作用，也希望有识之士能汇聚常州，一起探索工业互联网与实体经济融合发展的创新模式，共同为我国的工业互联网事业作出更大的贡献！

宋建伟

常州市天宁区区委书记

2019 年 3 月 1 日

序　五

以新一代信息技术为驱动的数字浪潮正深刻重塑经济社会的各个领域，并加速推动着第四次工业革命的孕育与发展。各个国家、各个行业和各个部门在这场前所未有的变革中都无法置身于外，数字化转型，是机遇，是挑战，也是必由之路，而实体经济特别是制造业，无疑为这一轮浪潮的主战场。

越来越清晰的是，工业互联网是实现这一数字化转型的关键路径，并构筑了第四次工业革命的发展基石。与第四次工业革命相交织的是，金融危机以后各国对制造业价值的重新审视而形成了“再工业化”思潮，在此大变局下，工业互联网成为各国重塑数字浪潮下制造业乃至实体经济全球竞争优势的关键领域。通过几年来的理论和实践探索，工业互联网已从概念的形成普及进入到应用实践推广的新阶段，各个国家和产业界对工业互联网的发展方向已有高度的共识，并在推广应用的全球实践和国际标准化方面，开展了诸多的探索与合作。

然而，对于不同国家而言，工业互联网的创新和发展路径却有显著的差异。从目前看，美、欧、日等工业化国家和地区推动工业互联网均由其跨国巨头牵引，在应用方向和实施路径上形成较强的一致性。我国则有自己独特的国情，由于我国工业 1.0/2.0/3.0 并存的状况，行业间、区域间、企业间存在显著的差异。一方面，国外企业的工业互联网实践在我国大型企业中均能找到相似的案例；另一方面，我国海量的中小企业有着非常不同的差异化需求，而且由于其技术和资金的制约，远远没有完成基本的信息化进程，而工业互联网带来了新的路径和机遇。毫无疑问，工业互联网是移动互联、物联网、大数据、云计算、人工智能等一系列信息技术与工业体系的深度集成与融合，而解决的都是工业企业和各个产业面临的基本问题，如质量、效率、价值、商业模式、创新、环保与安全，等等，但亟需解决的痛点和已有数字化基础却相去甚远，这决定了我国工业互联网的路径势必是更为多元化，其中中小企业又为其中的关键难点。

因此，中国的工业互联网有着与全球一致的发展方向，而在路径上又会呈现高度的多元化和差异化，而探索适合中国国情的工业互联网创新之路是全产业界面临的重大任务。《工业互联网创新之路——常州模式实践》的两位作者对制造业的数字化转型和工业互联网都有深入的思考和研究，而基于常州工业互联网发展第一手实践所形成的总结和再思考，无疑对我国的工业互联网发展有着非常可贵的参考意义。正如书中所总结的，以常州为代表的苏南经济，如何利用工业互联网的强大的数字解构资源和重组优化能力，重塑产业价值链，将一个传统的制造业城市建设成以设备和数据双驱动的“数字经济中心”；如何将工程师精神与新一代信息技术深度结合而重塑竞争力；如何打造新型政企关系从而推动解决在美、德、日也面临巨大挑战的中小企业数字化转型问题；如何系统探索工业互联网发展中的技术、应用、产业和商业模式问题……这是“常州模式”的意义所在，也是这本书和两位作者思考的价值所在。

余晓晖

中国信息通信研究院总工程师

工业互联网产业联盟秘书长

2019年4月26日

序　六

我们正在进入一个信息技术架构体系大迁徙时代，面对日益复杂的物理世界的快速变化，传统信息系统正在被解构和重组，以跟上客户的需求、业务的发展，基于云边协同的基础架构体系与应用系统正在快速迭代，持续推动着架构、技术、应用、生态、模式的变革，这是我们共同关注的话题，也是工业互联网等一系列新概念孕育发展的土壤和背景。

工业互联网是新一代信息通信技术与制造业融合的产物，也是新一轮产业革命的竞争高地。工业互联网开辟了一条应对复杂制造系统挑战的新赛道，几百年来制造业一直面对如何解决成本、质量、效率、交期、服务等问题，过去的三四十年信息通信技术的发展为解决这些问题构建起了一套方法论，我们可以把它称之为数字化转型 1.0；今天伴随着云计算、边缘计算、物联网、人工智能的发展，人们正在构建一套新的解决问题的架构体系、技术体系、业务流程、实施方案和商业模式，新技术的变革也在加速全球供应链、产业链、价值链的重塑再造，成为改造提升传统制造业、塑造未来产业竞争力的新方案，我们把它称之为数字化转型 2.0；这一刻全球在行动，我们正在勾勒出一幅即将展开波澜壮阔之旅的雄伟画卷。

这场大变革才刚刚启动，未来将会历时 15 年甚至更长时间。如果我们拉长历史的镜头，我们就会对今天出现的各种实践挫折、理念冲突、概念雾霾保持某种释然。今天，GE、西门子、ABB、博世等这些制造业的百年老店依然挺立在时代潮流的前列，作为一座转型的新灯塔，无论是小步快走、还是大刀阔斧，无论探索面对什么样的挑战、碰到什么样的挫折，其转型的步伐没有动摇，在创新的道路上义无反顾。而在中国，也涌现出了航天云网、东方国信、美云智数等一批国内的工业互联网企业，面对中国的问题、结合中国的实践，探索中国的数字化转型之路，这种探索是艰辛的，也必然是百花齐放。作为旁观者，我们对这群探路者应该保持敬畏、对未来保持敬畏。

当前，工业互联网正处在产业格局未定的关键期、规模化扩张的窗口期和抢占主导权的机遇期。这是一个时代性的机遇，然而把握这样的机会却不容易。尤其对中国制造企业而言，呈现千差万别的局面。不同行业、不同基础、不同能力的企业，一时间都走在同一个路口，如何迈出下一步，是每个企业都需要仔细掂量的战略命题。

在这个时候，考察一个地区在工业互联网大浪下的发展模式，是非常有意义的事情。常州作为中国制造业的一个区域代表，工业基础扎实，在中国工业发展史上也留下了浓重的笔墨，是一个很有意义的参考样本。

常州在20世纪80年代，就已经是一个工业明星城市，开创了很多富于创新的做法。类似一条龙的产业链拉动、深挖工厂潜力搞技改等做法，大大激发了全市的工业活力，也为中国制造的发展留下了丰富的工业文化瑰宝。时代变迁，但创新的面孔，却是需要驻颜永恒。工业互联网是工业经济数字化转型发展的战略方向和竞争制高点，加快工业互联网创新发展，推动我国从制造大国向制造强国转变、实现从网络大国向网络强国跃迁，意义重大。在当下工业互联网发展的今天，如何激活一个区域的传统工业，使得旧动能向新动能加速转换，具有非常典型的意义。

常州企业家习惯“造物”，喜欢研究工艺，有制造情结，专注于制造产业，这是一种非常宝贵的“工程师精神”。雄厚的制造业根基，活跃的民营经济，这些都是工业互联网发育的土壤。那么，如何将这种制造的积淀，与工业互联网的全新数字化理念相结合？书中提到了很多具体的案例和做法，充分将“工业”和“互联网”之间进行了融合贯通，这使得常州更加具备了样本价值。本书以常州工业的整体发展和企业家群体作为一个窗口，来观察工业互联网的发展，很有新意。其中也提出了“发展中国特色的工业互联网”，提出中国工业互联网走的路，其实是在走中国特色的“互联网运营”的道路，是不同于美国等国家的实践之旅。这些理念，也如同新生事物一样，还有待于未来市场的检验，但其积极探索的步伐，却是半刻也不能停歇下来。

工业互联网产业将是一个长期发展而形成的产业，这是一个持续攻坚的过程。当前并没有完全验证、实现的规模化商业模式，但很多局部的探索都像落地的种子，各自寻找自己发力的点，也形成不少闪闪发光的亮点，正如常州探索中所呈现的鲜活案例。而一旦形成一个规模化的市场，通过充分的市场竞争，在中国将会产生世界级的工业平台企业。

许多企业对于工业互联网的理念是非常欢迎的，但对于如何落地，仍然有很多问号。正如书中所提到的，“存在着心念上的三座大山：对价值心存疑惑、对成本心怀忐忑、对实践心长力短”。这说明，工业互联网的发展，不是一件一蹴而就的事情，需要长期的发展。在发展过程中，需要各方共同配合。既要有政府的担当，也要有工业互联网平台的扎扎实实的服务，最终要落实到用户企业能够获得真金白银的回报。

书中提到很多有价值的实际案例探索。作者通过深入常州制造业一线工厂，跟上百家企业进行对话和调研，逐一分析了制造业面临的现状：既有困惑彷徨的普遍时态，也有锐意进取的夺路先锋。这种多样化的画面，正是我国制造业的真实写照。中国制造业总体水平与发达国家相比，仍然需要加快转型升级步伐。一是对用户市场要有敏锐的判断。能够领先一步洞察用户端的变化，以正向设计引领，优化生产管理。二是加强数字化的基础能力。中国制造企业数字化发展不平衡、不充分问题依然突出，多数企业数字化水平较低，这还需要尽快补课。三是工业思维需要提升。对于精益生产、质量引领、六西格玛落地等工业化必经之路，仍然需要深度的普及。而这些命题，都是工业互联网被期望的担当。

工业互联网的提出，一开始就是从“解决机器效率”开始，而重点则落到了“机器”和“人”的连接。这意味着人的知识、人的实践，起到了非常关键的作用。近年来，工业互联网从概念到实践、从星星之火到燎原之势，行业共识持续扩大、产业资源不断积聚、技术创新日益活跃、应用普及加快深化，已经成为工业经济数字化转型的重要驱动力量。如何能把一方水土的制造专长，与机器效率结合起来，是每个区域制造业都需要考虑的命题。

工业互联网天生具有大生态的基因。通过加强产业协同，扩大工业互联网平台所起到的生态载体作用，以更开放、更多样、更务实的方式，推动工业互联网平台，与制造企业用户、第三方服务市场、上游链，构建一个物种丰富的生态雨林，从而可以覆盖制造业的多样化需求，并且赋能中小企业。

党的十九大提出，建设现代化经济体系是跨越关口的迫切要求。工业互联网对构建人、机、物全面互联的新型工业生产制造和服务体系，推动互联网由消费领域向生产领域延伸，实现工业经济由数字化向网络化智能化拓展，建设现代化经济体系，实现高质量发展，提供了有力支撑。工业互联网正是实现高质量发展的关键支撑。当下，它正处于产业化发展的关键时期，需要更广范围、更深层次的协作来共同应对新挑战、开辟新空间。而各个企业的积极探索、区域产业集群的协同创新尝试，将会给工业互联网在中国的发展打上鲜明的中国特色的烙印。

安筱鹏

中国信息化百人会执委

数字化企业研习社副理事长

2019 年 3 月 26 日

推荐语

我国工业互联网创新发展已经进入快车道，正在由理念研究加速走向落地实施，开局良好、成效显现，前景广阔、机遇可期。

——工业和信息化部副部长 陈肇雄

《工业互联网创新之路——常州模式实践》一书，深入分析了传统制造企业数字化转型的特点与难点，抓住了打通企业制造数据链的这个核心，致力于发展工业互联网的数字化增值服务，定位准确，思路清晰，举措务实，解读通俗，值得一读。

——浙江省原副省长、省人大常委会原副主任、

省智能制造专家委员会主任 毛光烈

网信事业是国家重大战略，工业互联网是网信事业的重要领域。航天科工对自主可控高度重视，产业发展走在了前列。发展工业互联网，要充分利用自主可控技术、力求掌握核心技术，同时必须要结合国情，技术和市场都要结合生产实际，力求解决实际问题。《工业互联网创新之路——常州模式实践》一书，进行了工业互联网的有益探索，作者的工作也很有意义。希望本书能给予大家一些有益的启示。

——中国工程院院士 倪光南

本书从工业互联网国内外发展概况、中国政府关于工业互联网

发展支持政策和常州市与航天云网合作推进工业互联网应用探索三方面，对工业互联网在我国的发展作了一个相当详细的介绍。常州市工业企业以中小民营企业为主，发展至今取得了很大成绩，但也面临一系列企业发展过程中不可避免的痒点和痛点的阻碍与干扰，中小企业技术力量弱，家底薄，市场压力大，企业转型升级迫在眉睫。但要靠过去传统的由企业自己实现数字化、网络化和智能化的模式转型，是非常困难的。工业互联网的出现，从战略上说，打开了一条新型的发展路径。但是，工业互联网本身作为一项新技术，而且是涉及信息技术和工业技术多方面的新技术，还需要投入大量人力、物力来发展完善，对广大中小企业来说也是力所不能及，有望洋兴叹之感。本书基于航天云网与常州市的合作经验，对工业互联网的发展应用，特别是中小企业的应用，提供了一个很好的案例，创出了有中国特色的在应用中发展、在发展中更好应用的好案例，值得有志于工业互联网技术发展与应用的企业和个人一读。

——国家信息化咨询委员会委员、中信集团原总工程师 王安耕

当前我国正由以互联网驱动的网络化转型进入新一轮的大数据人工智能驱动的数字化转型阶段，其重要标志就是以工业互联网为代表的传统行业尤其是制造业的数字化转型。工业互联网在中国这样一个没有完成工业化的新兴市场如何推进与发展？就像上一轮互联网发展阶段中国探索出了独特的发展路径与模式，这个问题的答案也一定会与发达国家不一样。《工业互联网创新之路——常州模式实践》在这方面给出了一个很好的启示，非常值得我国各级政府、广大企业以及科研人员深入研究与借鉴。

——清华大学经济管理学院党委书记、
互联网发展与治理研究中心主任 陈煜波

前言

习近平总书记讲到，“信息化为中华民族带来了千载难逢的机遇。牢牢抓住这一重要历史机遇，是我们这一代人的历史责任，也是我们在新时代奋发有为的重要基础。”工业互联网是信息化中自移动互联网之后最重要的产业机遇，是制造业转型升级和高质量发展的必然要求，是建设制造强国和网络强国的必然之路。

历史总是相似的。和早期消费互联网的发展一样，虽然业界普遍认同工业互联网产业的发展方向和巨大的发展机遇，确认会产生像BAT一样的世界级企业，但是没人能够在产业发展的早期预料到什么公司、什么时间、什么产品、什么商业模式最终能够取得巨大的成功。中国工业互联网顶尖企业的成功道路，和消费互联网的发展进程一样，必须是立足于一线实践的探索，产品和商业模式快速地迭代，寻找能够可持续为用户创造价值的互联网化的产品和商业模式。当前中国的工业互联网和国外同行相比，虽然技术和产品基础有很大差距，但是起步的时间和商业模式的成熟度差距不大，也没有像早期的消费互联网一样有可以直接拷贝的国外成功的产品和商业模式。我们国家很多重要领域赶超世界的成功经验一再表明，技术和产品的差距不是不可逾越，更为重要的是良好的产业环境、真实的市场需求和坚持长期艰苦奋斗、有志有为的企业。“内审中国之情势，外察世界之潮流，兼收众长，益以新创。”发展工业互联网，必须在紧跟世界先进潮流的同时，扎根祖国大地，扎根于生产一线，走中国特色的工业互联网道路，产生工业互联网的中国模式，为世界贡献中国方案。

常州是中国的明星工业城市，具有深厚的工业基础，高水平的民营制造业企业众多，拥有较多的工业“隐形冠军”，是苏南模式的主要发源地之一。时任常州市委书记费高云讲到，“常州是一个有情怀的城市。常州南人北相，兼有南北的优点。豪爽耿直、重情重义、开放包容，是航天科工在长三角携手发展工业互联网、赶超世界先进水平的好地方”。航天科工和常州市政府紧密合作，进行了发展中国特色的工业互联网的有益的初步探索。本书主要就是这些探索工作的一个阶段性小结。

在常州实践的探索和此书的写作过程中，我们得到了江苏省和常州市各级政府的大力支持。特别要感谢时任常州市委书记费高云、市委书记汪泉、市长丁纯、常务副市长曹佳中、副市长梁一波，江苏省经信委副主任胡学同，常州市天宁区书记宋建伟、区长许小波、区委常委曹志伟、副区长周登蓉等领导的大力支持。像工业互联网这样新的具有高度不确定性的产业探索，没有他们的真心认可、对新事物全力支持的勇气，我们在常州的事业不可能取得今天这样的成果。感谢时任工信部信软司副司长安筱鹏博士，他在我们的邀请下，专赴常州考察，并敏锐地将我们的实践总结为：工业互联网的“常州模式”，对我们的事业给予了莫大的认可和鼓励。感谢航天云网数据研究院（江苏）有限公司总经理纪丰伟博士和他在常州的团队，是因为他们奋斗在工业互联网市场一线，才提供了我们研究和认识提炼的基础。感谢航天科工出版基金，本书也得到了他们的慷慨资助。感谢航天云网公司的各位领导和同仁，给予了我们开展相关工作的大力支持。最后要特别感谢航天科工集团的领导和相关同志，给予了我们从事工业互联网产业前沿难得的事业舞台。航天科工在数年前即勇于承担实施国家战略的重任，将工业互联网作为企业转型发展的主要领域，体现了集团领导的巨大勇气和远见卓识。

工业互联网在全球范围内也是一个全新的产业，具有高度的不确定性、长期性和巨大风险，但是“历史潮流，浩浩荡荡，顺之则昌，逆之则亡”。若干年后有一天回头来看，如果我们在常州的实践也能是工业互联网历史洪流中有意义、有价值的一朵小小浪花，那就是我们最大的期望和满足。

祝守宇　林雪萍

2019年3月

目　录

引　言

2011 年汉诺威工业博览会，德国人工智能研究中心董事兼行政总裁沃尔夫冈・瓦尔斯特尔教授在开幕式中提到，要通过物联网等媒介来推动第四次工业革命即工业 4.0，提高制造业水平。2013 年 4 月，汉诺威工业博览会上正式推出工业 4.0，其核心目的是为了提高德国工业的竞争力，在新一轮工业革命中占领先机。

几乎同时，美国 GE 在 2012 年左右提出“工业互联网”理念，强调“人与机器融合的世界”，目标是通过高功能设备、低成本传感器、互联网、大数据收集及分析技术等的组合，大幅提高现有产业的效率并创造新产业。

工业互联网是智能制造、智慧行业、智慧城市等各种技术体系的综合集成与“云化”，集中表现为云计算、大数据技术实践在工业/行业领域的应用、匹配与延展，以实现工业/行业资源的泛在连接、数字孪生、知识积累、云化服务、要素自治。见图 1。

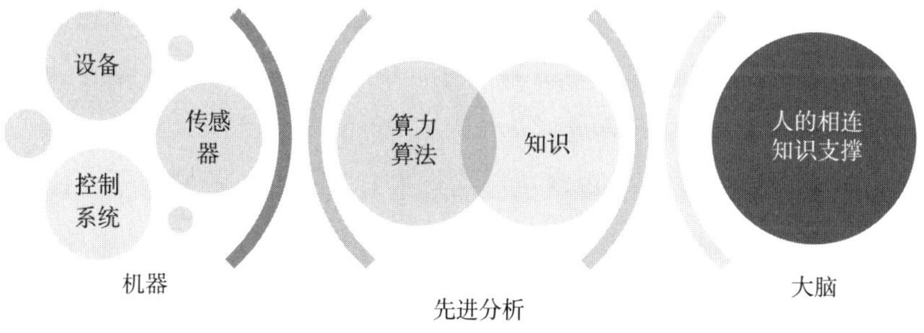

图 1　工业互联网的要义

随着工业4.0、工业互联网的迅速崛起，智能制造引起广泛的讨论和场景细化。加上数字化、物联网技术、ICT技术的快速发展，在这种大背景下，物联网的阵营开始分化，从工业的实践角度而言，出现了物联网在工业领域的快速演化局面。

工业互联网与工业4.0，从表面论述看各有侧重，一个侧重工业制造，一个侧重工业服务，但究其本质，都是实现智能制造与智能服务，并由智能产品加以联系。具体来看，工业互联网是一个跨界交叉的综合性概念，其内涵涉及了物联网、云计算、工业大数据、人工智能和工业APP等诸多范畴，这么多的概念都尝试对未来融合的商业环境提出自己的定义，但最终的目标都是一致的，即实现三网合一（人、物、务），通过集成流程、数据主线、数字孪生等软件技术，采集制造、经营和产品各阶段的数据，连接硬件、供应链上的各种资源，进行工业大数据分析，结合分布式边缘计算实现制造业的产品个性化、生产智能化、制造服务化、组织分散化和制造资源云化的新工业范式[①]。

随着我国经济发展进入新常态，经济增长动力、资源要素条件等都发生了较大变化，长期积累的结构性矛盾凸显，经济下行压力较大。而工业互联网通过机器互联、人机互联，与大数据分析、云计算相结合，把工厂、机器和人的潜力都推向了一个新的边疆。这对传统制造业，尤其是装备制造业，提供了一个转型升级的关键动力。

江苏省常州市的装备制造业一直很有特色，工业基础雄厚、民营经济发达、创新创业氛围浓厚。而积极引入工业互联网新技术、新产业、新业态、新模式，成为常州市近年来推动经济发展转型升

---

① 蔡颖：《漫谈“工业互联网”与“智能制造”》，https：//blog.csdn.net/np4rHI455vg29y2/article/details/80035824

级的关键命题。在这个过程中，工业互联网明显加速了新旧动能转换，呈现出一种全新的“常州模式”。

本书结合国内外工业互联网的发展形势，总结了常州工业互联网的基本特点与转型思路，希望能为苏南经济转型升级提供一套可以学习的理论和践行的路径。本书共分九章，其中第一、二章主要介绍了工业互联网发展的全球趋势和特点；第三、四、五章描述了中国国情下的工业互联网发展背景和特色；第六、七、八、九章近距离地展现了常州模式的特点，通过逐步聚焦的方式，提炼常州工业互联网发展过程中的模式内涵与经验启示，从而展现一种全新的视角。2019年3月政府工作报告中明确提出“打造工业互联网平台，拓展‘智能+’，为制造业转型升级赋能”，这意味着工业互联网平台将迎来更大的发展机遇。而常州在工业互联网方面的实践，具有非常强的样本意义，可以为整个行业的发展提供更多的借鉴。

在本书写作过程中，得到了常州天宁区领导和航天云网江苏公司纪丰伟总经理的大力支持，为深入企业调研提供了良好条件。中国宇航出版社编辑给予书稿很专业的支持，在此一并表示感谢。

工业互联网的发展，还有很长的路要走，很多认识也在不断完善过程中。限于对新生事物探索的认识限制，书中难免存在不足和疏漏之处，期望在实践中，与广大专家、读者沟通交流，加深认识，以利再版时修改完善。

第一章　国内外工业互联网发展的基本生态

第一节　物联网的边界

就物联网的边界而言，大概可以分为三种：人联网、物联网、物不联网。见图 1-1。

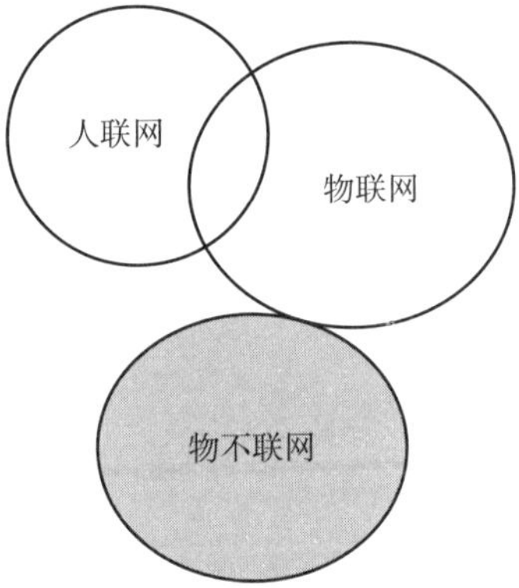

图 1-1　早期物联网的边界

人联网，也就是消费者互联网，与互联网相连的各种装置：从 PC 到手机。

物联网是由各种带有感知和通信的泛在智能终端，但这些终端并不直接与人进行交互。它们可以感知一些参数，然后进行处理或者分析。在工业领域，这个过程从射频识别（RFID）试图建立物体之间的联系开始，到机器通信（M2M），一直到物联网（IoT），物体之间的各种关系，从识别、通信到交互的方式，都在不断地被尝试。

还有大量的是“暗设备”，这属于没有 IP 地址的连接设备（例如 RFID、一维码）。它们已经存在很久了，这本来不属于物联网，从“物联网”的边界而言，可以称为“物不联网（NIoT，Not Internet of thing）”。

值得一提的是，替代或者激活这些设备，将这些“物不联网”带入一个光明的世界，成为物联网的重要任务。

为了便于区分面向消费者 2C 和工业界 2B 的制造业，出现了消费者物联网 CIoT 与工业物联网 IIoT 开始分类。类似像海尔家电、三一重工的根云，都分别是面向了人和工程机械。换言之，物联网可以分成两部分：一部分是工业物联网，另一部分是消费物联网。

另外各种“物不联网”的设备，被通过各种协议、网关、数采系统广泛激活，意外形成一个明亮的百花含苞待放的局面。众多的暗哑设备、终端、电器等“产品孤儿”被开始激活，并进入联网状态。大量不具备网址的终端，则通过其他方式也成为数据资源的一部分。

更重要的是，随着智能手机的迅速崛起，人作为一种被高度画像的用户，呈现了巨大的商业价值。无论是舆情分析，还是行为描述，都成为消费者物联网和工业物联网的关注对象。

这个时候，工业互联网，作为一种整体资源的面貌，重新登场，它包含了人的要素、消费者产品、联网设备、不联网设备——这是中国赋予“工业互联网”的含义。在当前的整个工业互联网世界中，既有人联网的一部分，也有工业物联网，也有简单的设备连接。见图 1-2。

简单地说，工业互联网由人联网的一部分、消费物联网、工业物联网和大量无 IP 的连接设备所组成。这个工业包含哪些？可以有“重一点”的产业，例如机械制造业、油气和交通等；其他也有“轻一点”的应用，如智能城市、农业等。因为后者也需要很多的工业级的应用。

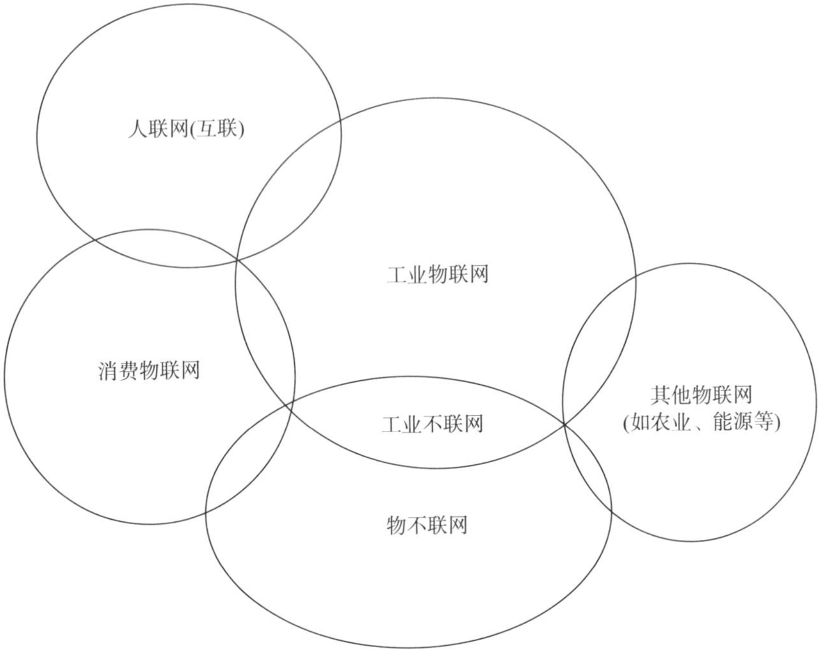

图 1-2 工业互联网的版图

工业互联网与工业物联网，这两者在绝大多数时候被混用。值得注意的是，对于智能零售、医疗保健、智能建筑、智慧城市、智慧农业等领域，在中国的语境下，放在“工业物联网”的篮子里会显得非常勉强，不妨可以看成是消费物联网、工业物联网以外的其他物联网领域。国内也有把这些叫做“产业互联网”的。产业互联网指的是借鉴消费互联网模式，促进工业产品与工业资源流通的商务平台与专业服务生态。产业互联网不直接用“工业云”或“全面集成”的方式调度工业要素，产业互联网平台提供的价值主要为交易平台、供应链金融，以及价值链各环节中可独立分工出来的一些专业服务。产业互联网一方面有可能通过汇聚业务流规模、打通专业服务瓶颈来改善产业聚合程度，间接创造其工业互联网化的条件；另一方面也可能将成熟工业互联网平台的“数字孪生建模”应用到交易、金融和专业服务过程中，从而逐步实现与工业互联网的对接融合。

综合来看，广义的工业互联网囊括了工业互联网平台所指涉到的全部的在线工业生态、服务生态、商业生态、技术生态，既包括工业领域和智能产品的应用，也包括行业和基础设施领域的应用。而工业物联网与其内涵相同，但在表达上强调“物联网”以区别于传统互联网的“人联”含义。在外文语境中，二者合称为 IIoT (Industry Internet of Things)。

狭义的工业互联网特指工业互联网平台驱动的工业生态，即用“云化”方式实现的智能制造，可以是全面云化，也可以是局部云化；工业 4.0 则强调智能制造深入到全面集成状态（横向集成、纵向集成、端到端集成），可以是小生态内部的封闭固化集成，不一定表现为虚拟化、分布式的“工业云”形态；作为工业互联网和工业 4.0 共同底层概念的智能制造，则强调“数字化、网络化、智能化”对制造场景的综合改造。

第二节　工业互联网平台的技术分类

根据中国信息通信研究院（以下简称信通院）发布的《工业互联网平台白皮书》中的定义，工业互联网平台是工业云平台的延伸发展，其本质是在传统云平台的基础上叠加物联网、大数据、人工智能等新兴技术，构建更精准、实时、高效的数据采集体系，建设包括存储、集成、访问分析和管理功能的使能平台，实现工业技术、经验知识模型化软件复用化，以工业 APP 的形式为制造企业各类创新应用，最终形成资源富集、多方参与、合作共赢、协同演进的制造业生态。

随着各种相关技术的融合、渗透与综合集成，各类平台也都在向工业互联网平台靠拢，彼此间原有的边界开始模糊，但大体上仍然可以划分为三个层次：聚焦于设备连接与部署服务的边缘层、聚焦快速应用开发服务的应用层、强调数据分析应用服务的全层次集成层。见图 1－3。

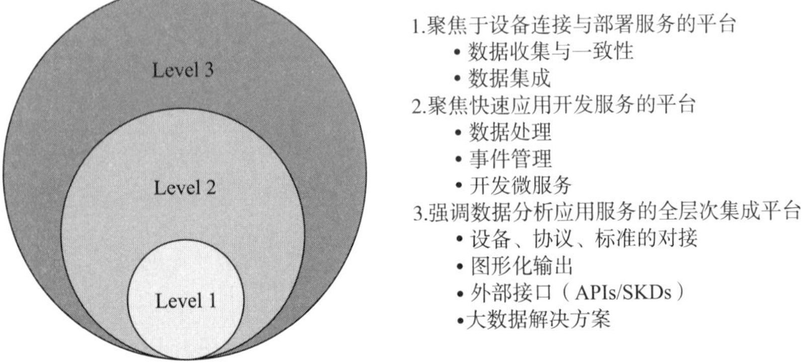

图 1－3　工业互联网平台的层次

其中，设备连接与部署服务平台又可细分为两类（设备部署平台、设备连接/管理/数据集成平台），全层次集成平台也包括两种形态（设备集成平台、独立赋能平台），从而形成了五个阵营。

综合来看，这五个阵营彼此间在功能上形成一定区隔，但又存在大量的交叉，并在不同程度上通过接口协议实现互通。各主导厂商根据旗下生态的需求与特点，往往会主动选择其他平台阵营的特定合作伙伴，以构筑完整服务能力。例如 GE 作为工业互联网平台的首倡者，在设备连接/管理/数据集成平台上与 Bosch 合作，在设备部署平台上与华为合作，在快速应用开发平台上与 PTC 合作；而 Bosch 同样选择了华为和 PTC 作为合作伙伴，但是在与全层次集成平台的合作中，并不仅同 GE 合作，同时也选择 IBM 开展深入合作。

表 1-1 工业互联网平台的阵营特点

层次	物联网平台分类	特点	举例
集成层	设备集成平台	围绕 To B 场景的各种设备及系统之间的互联、重组、自治来提供数据分析应用的集成服务	Atos,Accenture,Capgemini,Axoom,T - Systems,ABB,HPE,Hitachi,树根互联,三一重工,徐工 XREA,海尔 COSMO,美的云
	独立赋能平台	从工业过程中的某一环节发力,与其他工业过程做端到端的打通,实现全生命周期的闭环驱动	PTC ThingWorx,天津宜科
应用层	快速应用开发平台	不具备设备管理能力,聚焦 APP 开发微服务	Salesforce,SAP HANA,Autodesk,Ayla Networks,Microsoft
边缘层	设备连接/管理/数据集成平台	异质协议的互联互通与集成	Arrayent,AWS,Bosch SI,SAP Leonardo,Relayr,华为,OceanConnect
	设备部署平台	对底层硬件的封装部署	Jasper,ARM,Google,Intel,Wind River

信通院两化所副所长朱敏指出：工业互联网平台需要解决多类工业设备接入、多源工业数据集成、海量数据管理与处理、工业数据建模分析、工业应用创新与集成、工业知识积累迭代实现等一系列问题，涉及四个方面的七类关键技术：一是为平台提供底层连接、云基础设施和运行环境的基础支撑技术，包括数据集成和边缘处理、IaaS 和平台使能三类具体技术。二是支撑平台进行海量工业数据管理和分析的数据挖掘技术，包括数据管理、工业数据建模和分析两类具体技术。三是为平台提供工业微服务、开发工具和开发环境，驱动平台进行应用创新的应用开发和微服务技术。四是能够保障平台稳定运行，实现工业系统安全的安全保障技术。

第三节 工业互联网平台的生态构成与发展路径

工业物联网技术主要用于资产密集型行业及相关环境（通常受监管）。IIoT 的集成、扩展性和影响涵盖 IT 和 OT 系统，核心是收集、汇总、协调和分析数据。

根据信通院发布的《工业互联网平台白皮书》中的描述，工业互联网平台产业体系由四类平台企业（装备与自动化、ICT、软件、制造等四类平台发起方）、五大支撑主体（数据采集与集成、网络与边缘计算、云计算、数据管理、数据分析五类专业技术型企业）、两类应用主体（垂直领域用户和第三方开发者）共同构筑，形成完整的工业互联网产业生态。

从 IT 视角来看，可以分成四层：边缘层、IaaS、PaaS 和 SaaS。2017 年 11 月信通院发布的《工业互联网平台白皮书》中，给出了一个四层的架构，详细地罗列了工业互联网平台所涉及的层次、机制和场合应用模型。见图 1－4。

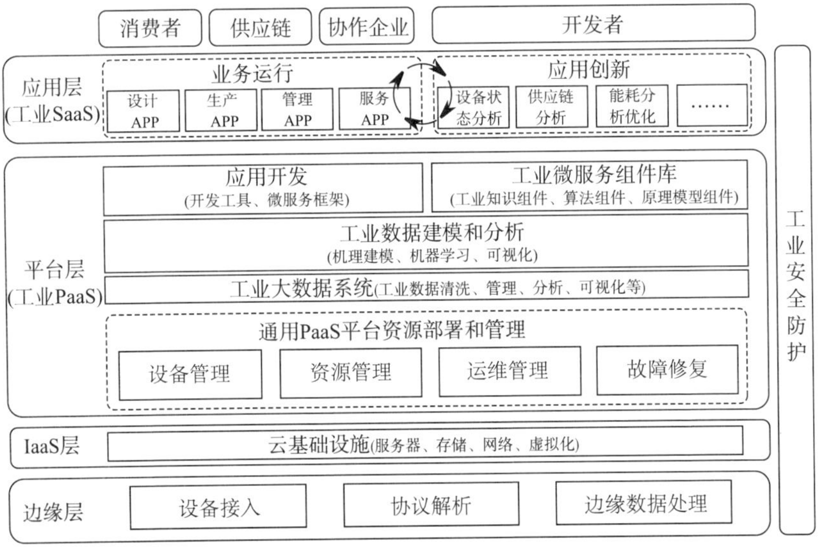

图 1－4　工业互联网平台架构

（来源：信通院《工业互联网平台白皮书》）

工业互联网平台主要有六大功能：一是设备管理，这项功能包括支持手动和自动完成任务的软件，以便批量或单独且安全地远程创建、配置、排查和管理大批物联网设备和网关；二是边缘集成，主要包括软件、工具和技术，例如通信协议、API 和应用适配器；三是数据管理，摄取物联网端点和边缘设备数据，将来自边缘的数据存储到企业平台，提供数据可访问性（需要时可按设备、IT 及运维技术 OT 系统和外部方来访问等；四是分析，包括规则引擎、事件流处理、数据可视化和机器学习等；五是应用支持和管理，让采用任何部署模式的业务应用软件能够分析数据，并执行物联网相关业务功能的软件；六是安全。

如果从广角的全生命周期来看，则可以进一步扩展到整个生产流程和价值链进行考虑。这就包括从前端的订单开始，到设计、制造，最后到服务的全生命周期，涉及订单分析与智能决策、仿真云、业务流程和设备中心（工厂设备和重资产移动设备，如采掘机）等。见图 1－5。

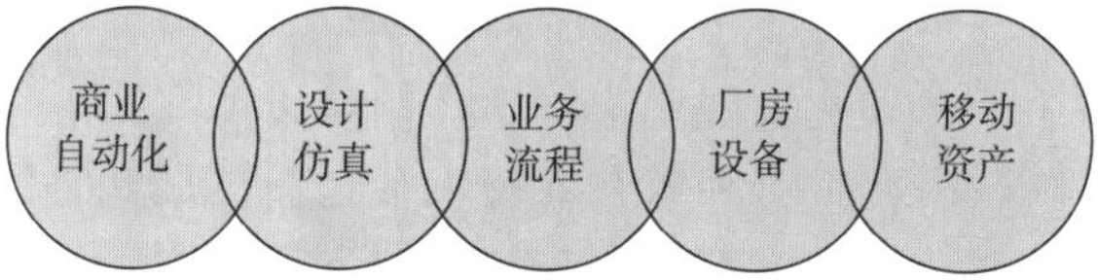

图 1－5　制造业的全生命周期

第一种是商业自动化。这主要有两种方向：一种方向是针对订单规律、结合市场价格等进行分析，决定适合销路的产品。这可以归结到市场决策方面；另一种方向则是包括订单分析，并且连接到 ERP、与库存中的原材料相结合，从而解决仓库中原材料堆积过多的问题。

第二种是研发设计上云。将各种研发设计工具上云，提供在线设计、零部件库、远程查看等，从而形成协同设计。

第三种是业务流程上云。近年来，随着业界逐渐达成共识，云计算成为 IT 产业继 PC、互联网之后的一次重要的革新浪潮。未来的企业将是全面信息化的云端企业，云端企业是云计算时代企业信息化的新境界。

在此背景下，各种企业纷纷开始上云，各地政府也启动了大量的“企业上云”计划和各种激励措施。这种业务，是由典型的传统IT企业在进行推动，也更容易得到理解和呼应。目前国外公司已经开始广泛地启动软件订阅模式，取代传统的许可的授权买断模式。

国内ERP传统厂商，例如用友云、金蝶云之家，包括阿里云，都在推动业务流程的上云工作，成为当前一种企业上云的热流。

目前各种财务云通过电子发票将传统的销售开票、流转、收票、报销、入账等繁琐流程全面移动化，解决了票据对账错漏、防伪等问题。电子会计还能解决对账过程中的错漏及票据的防伪。而营销云则可以通过帮助企业提供移动端服务，提供电商平台端到端解决方案（包含商品上线、物流跟踪、会员管理等）。此外，还有人力云、采购云和办公云等服务。

第四种是工厂设备上云，这是最为普遍的一种场景。在过去的十多年里，物联网的发展一直是不温不火，在制造业领域，一直停留在一些简单的场景上，包括RFID在制品上的应用。然而，在最近四五年，物联网在工业领域有着突飞猛进的发展，它同时激活了原来车间一直存在，但也是慢吞吞发展的机器通信（M2M）。实际上，设备之间的连接、通信，并激活由此产生的机器数据，成为当下工业互联网最为重要的阵地。

在工业设备上云方面，将实施工业设备上云“领跑者”计划。制定分行业、分领域重点工业设备数据云端迁移指南，推动工业窑炉、工业锅炉、石油化工、柴油发动机、大中型电机、工程机械、数控机床等智能化设备上云、用云，提高设备运行效率和可靠性，降低资源能源消耗和维修成本。以锅炉为例，目前中国锅炉总数47万台，年耗煤约7亿吨，占全国煤耗的近10%，具有巨大的能耗挖掘潜力。而东方国信工业锅炉云平台，通过云平台及互联网服务模式，解决中小企业工业锅炉能耗及排放问题，已监测锅炉数量107台，平均节能创效15%。

第五种是移动重资产上工业互联网平台。这是一种常见的舰队资产管理。以中国工程机械三大巨头徐工、三一重工、中联重科为例，由于它们具有先天性制造重型设备的优势，对远程设备进行连接、监测、控制和维护，具有先发优势。

工业互联网平台发展的最终状态是开放合作的生态，但从企业阵营的视角来看，这种开放是相对而言的。目前，各企业首先选择能够与自己互补的企业结成伙伴，彼此共享数据资源，形成横向生态；其次团结垂直领域、行业的企业，形成纵向生态。它们所建立的生态都是围绕其自身产业链上下游延展，一边强化内核，一边吸纳外围合作伙伴，而不像消费互联网那样简单地依赖开放聚合外部资源。

这背后的原因在于工业领域有自身的一套自动化 OT 体系，与通用的 IT 体系异质，需要通过数字化建模、信息孤岛疏通等方式逐步打通。同时，工业领域自身的复杂性和高精度也使得通用 IT 体系的各种创新不能直接落地，尚需较长时日融合与打磨。

第四节　三 T 融合，成就工业互联网的发展

工业互联网的发展，交织着三条主线：IT（信息技术）、OT（运营技术）与 CT（通信技术）。一条线是以 OT 为代表的设备、自动化与工业协议的发展，这其中包括 PLC、以太网、传感器；另一条线是以 IT 为代表，包括软件、互联网的发展，以及到云计算、大数据和人工智能；第三条线则是以 CT 为代表的通信技术和芯片技术。这是一个 CIO 的 3T 融合。

可编程控制器 PLC 的诞生，是一个影响深远的工业发展节点。1969 年世界上第一台 PLC：Modicon084，开启了工业控制的 PLC 时代。这个事件影响如此深远，以至于在德国工业 4.0 的演变史上，将其作为第三次工业革命的肇始。PLC 是一个软件编程、芯片技术、自动化技术的完美结合。在自动化世界里，没有哪个单一发明能对制造业有如此的影响。它彻底地改变了机械与电气自动化的进程。

从物物的连接与控制而言，PLC 可以被看成是一个划时代的源头。细想起来，这也可以看成是物联网的肇始。PLC 可以被看成是最早、也是最成功的一次 3T 融合。

随后是一系列的自动化领域、IT 领域和 CT 领域的交织发展，ICT 首先完成融合，成为一个统一的名词。而随着 GE 提出了工业互联网（Industrial Internet），2012 年可以看成是工业互联网元年。3T 融合的传奇将再次被改写。可以说，工业互联网天生就是一个交织的结果。缺掉任何一个环节的发展，都是不可想象的事情。见图 1－6。

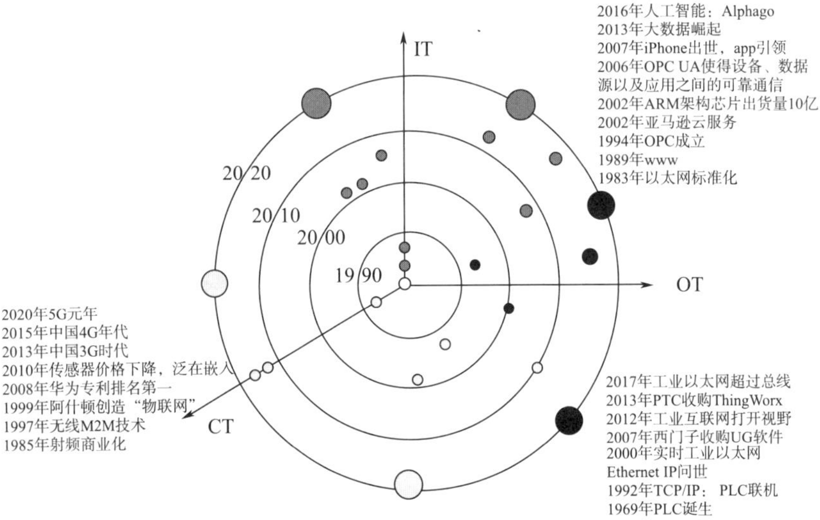

图 1－6　CIO 3T 融合成就工业互联网

（来源：原创自绘）

CT、IT 和 OT 的 3T 融合，终于成就了全新的工业互联网。无论是帮助企业优化运营、跟踪和分析设备，还是完成预测性维护，以及提高企业的实时决策，大量的设备相连有了真实的意义，工业数据开始大放光彩，工业互联网终成成果。

第五节 企业工业互联网平台的分类和实践

工业互联网，是物联网最为重要的板块，许多应用场景远远超于消费者应用。根据 IDC 的判断，2016 年有近 60%的物联网预算，用在了制造业领域，达到了 1020 亿美元，是预算排在第二位的交通运输行业的两倍。这些花费，主要用在生产运行、工厂资产管理与维护、设备服务三个方面。这些费用，都是希望最终能够将数据变成可以执行的智能。

这作为工业互联网的美好未来，走起来却是来路漫长。它需要解决众多不同的设备接口、处理一个一个不同的软件环境，使得各种物联网设备、软件应用都能够使用。工业互联网平台，正是这样一个集成平台。

可以将工业互联网切分为五个层级，从下往上分别是设备端、连接、软件中间件、应用、场景服务。见图 1－7。

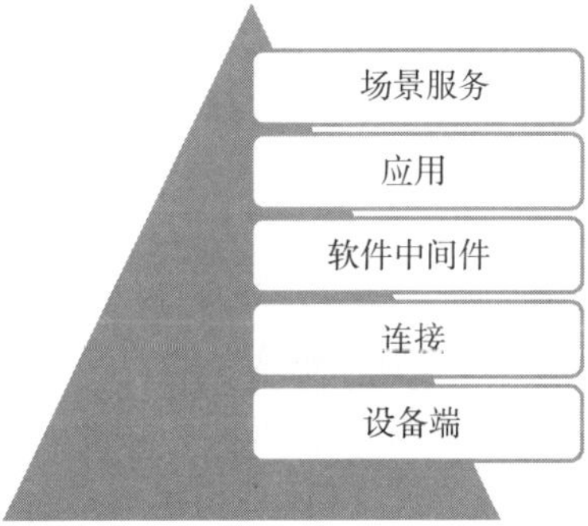

图 1－7 工业互联网的五个层级

由于每个层级，都有各自的解决方向和大量的场景，这就使得工业互联网平台的表述，看上去充满了各种歧义。然而这并不妨碍企业雄心勃勃地尝试，因为工业互联网平台是一个巨量的企业级的市场。在平台之上，则有众多面向场景的应用开发。根据 IDC 在

2017 年 11 月的数据，到 2020 年年底，物联网应用中的 50%，将是基于企业级的应用。这些应用整合在工业互联网平台上，基于复杂分析的能力，为工业提供更高的价值。

如此充满前景，自然就会有几百家大大小小的供应商聚集在此，真是一个拥挤之地。

不过如前所述，工业互联网平台仍然是一个过于庞大的概念。如果可以再仔细分解一下，两个平台是颇为引人注目的。一个是工业互联网应用的使能平台 AEP（Application enabled Platform）。它可以将不同的软件功能模块，统一到一个平台之上，并且轻松完成编译、封装和分发。类似 PTC 公司的 ThingWorx，就是充当了这样的角色；另外一个则是设备管理平台 DMP（Device management platform），这是以前自动化厂商通过各种协议，深挖壕沟封闭对方的传统战场。然而设备厂商或者业主也开始自己行动起来，将不同的设备进行连接。例如树根互联、石家庄天远正是走这样的路线。如果进一步再细分，还可以找到边缘平台（Edge Platform），现在 ICT 厂商正在这里深耕细作，意图在连接端找到储存和计算的突破口，例如华为公司的 OceanConnect。

细细观察当下工业互联网平台的建设，许多起步的阶段，都是在这几个领域深扎根基。

根据美国 MachNation 的预测，直到 2025 年以前，工业互联网平台都将是一个呈现两位数高增长的领域。根据作者的综合统计分析，工业互联网平台大约为 10 亿美元，占整个工业互联网领域 1% 的市场份额。虽然市场不大，但却呈现出巨大的魅力：因为数据石油的价值还远远没有开始计算呢。所有的争抢，都要为了下一步的布局，而更好、更快、更便宜的部署和开发，将是考验工业互联网平台的根本法则。

许多大型的制造企业也开始整体转向工业互联网平台战略。日本也找到了将 OT、IT 和 CT 融合的最佳时机。例如日立在 2017 年 9 月宣布成立 Hitachi Vantara，作为一个新的业务实体，为工商企业提供数据驱动解决方案。这家新公司将 Hitachi Data Systems 数据中心、Hitachi Insight Group 物联网和 Pentaho 商业智能业务，一起打包成 Hitachi Vantara 的单一集成业务，以发挥日立在运营技术（OT）和信息技术（IT）方面的能力。而日立 Lumada 2.0 版本（Hitachi 的物联网平台，独立的商业软件产品）也同时发布，通过增强的人工智能（AI）、机器学习和高级分析功能进行了全面更新。

第六节　制造业向服务业延展

一个产业链往往是很长的，从上游的零部件，到机器制造商 OEM，再到商业级用户和最终消费者，即使简化，也常常会牵扯到 3 个以上的环节。以链条上不同的主体主张出发，来看待工业互联网平台，有很不同的视角。

以轨道交通为例，包括整车设备制造商、零部件制造商、公共设施运营商和消费者（乘客）。

如何实现物联网数据的共享、分发、分析与协同？从两个最重要的机车制造商和地铁运营商的角度出发，两者考虑的情况有关联性，但也有很大的不同。

从机车制造商而言，如果要建立一个物联网平台来实现对旗下企业制造的高铁、动车、地铁车辆进行监控、故障预警和预测性维护，则需要与铁路总公司、各地的地铁公司共享物联网数据，而各个整车制造企业、零部件制造企业，应根据其制造的产品和零部件，共享相应的物联网数据，以便进行数据分析，改进产品和制造工艺。

地铁运营商如果要建立一个物联网平台，则需要兼顾上游、运维和消费者行为进行分析。从运营和维度角度而言，需要考虑上游和运维平台。维修企业如果对某列车辆进行了维修，或者更换了备品备件，则需要在云平台上留下维修记录；而且备件能够迅速对应到整车制造商，甚至到零部件供应商；而如果某列地铁的车门出现故障，则故障信息需要迅速传递给运营商（地铁公司），对应的站台门就可以自动锁定，不能打开。

而从使用端来看，需要对消费者建立场景应用。通过手机终端的移动定位，可以实时勾画群体画像，预测地铁触发高峰，实时加强对突发情况的处理，对地铁公司的调度，形成提前预警。而这又需要跟电信公司、电信基础设施商等达成一致。

这种复杂的关系，并不是孤立的。或者说，这不是一次简单的技术转变，而是工业领域的数字转型。在以前的制造链条中，供应商向客户交付产品之后，两者的关系往往相对较远，只是靠着“质报”和“维修服务”才会产生一些联系。制造商往往很少从客户那里获得对产品使用的反馈。

从设备制造的角度而言，分为两个不同的业务利益相关者：设备供应商和设备使用者。两者关系并不大。

然而物联网的出现，改变了这种关系。产品服务系统（Product Service System）应运而生。这意味着，未来交付的产品将连接到一个服务平台，客户使用产品的反馈数据将提供给服务平台，基于使用数据，服务提供商可以向客户提供（数据驱动的）增值服务。德国工业 4.0 平台组也对这种现象进行了描述，详细地界定了利益相关者，从而产生了全新的数据驱动服务。见图 1－8。

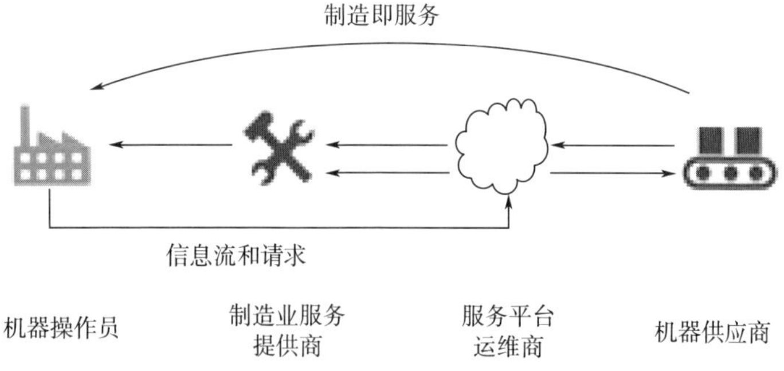

图 1－8　基于价值服务的场景[①]

① 德国工业 4.0 平台《基于价值的场景服务》白皮书。

在这种场景下，整个产业链引入了两个额外的业务角色：服务平台的运营商和数据驱动型服务的供应商。在未来，谁将完成这些额外的业务角色？是现有的商业利益相关者，即机器的供应商或机器的操作者，还是全新的平台角色，或者数据驱动角色？这些都需要在实践中等待进一步的回答。

第七节　克服数据重力，以设备为中心

设备连接是工业互联网最为重要的一部分，它既有设备效率提升的意义，又有精细资产管理上的价值，同时还可以跟生产数据、库存数据进行相连，从而产生很多深远的影响。

设备连接，主要包括可视化、远程运维、能源管理、设备维修、备件管理，再往下延伸，可以跟交易平台相连，实现生产要素的多样化优化和配置。与此同时，设备本身具有资产的价值，因此也可以通过工业互联网呈现出资产的金融属性，从而形成工业征信的能力。

然而，设备的数据，具有一种“沉底”的特性。它很少被真正打捞上来使用，因为机器现场的工业数据，其最大的特点就是海量，而且无序。在工业发展数百年历史上，产线的管理者从来不曾正眼看过它们。它们被列入考虑对象也就是最近几年的事情。

例如，仅仅单个数控机床设备，每秒产生的数据就可以达到400M。按照一个产线上有10个工位10台设备计算，有5个产线的话，那么一个简单的工厂，数据生产量每秒可以达到约20G！而一个人，手机流量也不过是每个月10G左右。两者相差约500万倍。

这是一个天量的数据，有着强大的数据重力。这意味着，照单全收的实时传递，是非常困难的。但是，并不是所有的数据都有价值，很多大数据并无生产价值或者分析的意义。巨大的数据重力，需要借助于边缘计算的方式，进行就地分析，有意义的数据才需要传输上云。

这就需要有巨大的知识机理模型和行业 Know-how 才能解决数据重力的问题。这也是设备中心论的关键所在。

在行业中的应用，风机算是最为成熟的例子。在风机行业快速崛起的远景能源，自行开发了风机的工业互联网平台（后来扩展到光伏等可再生能源），而新疆金风科技股份有限公司则与昆仑数据合作，同样建立了可视化、远程运维等多功能复合化的云平台。而东方国信的风电云平台，则作为通用性平台，提供传统风电运维模式。目前总数据量 150 亿条，日数据量 3000 万条。知识产权 15 项，监测风机数量 2580 台，企业用户 80 家，形成 8000 多份云诊断报告。已应用风机故障报警准确率 95%以上，寿命提升 20%，维护成本降低 50%。

同样，盾构机属于重资产设备。能购置并使用盾构机施工的单位，资金实力一般都很强。2009 年美国罗宾斯盾构机单台价格超过 1 亿元人民币（目前国内盾构机 4000 万元左右），除了核心零部件需要进口外，还需要约 300 吨的钢结构部件来辅助工作。

几年前，很多施工单位购买德国、美国的盾构机，当他们出现使用问题时，国外的厂家会要求施工方拍照，写评估方案，再报价，最后维修人员入场，仅一个报修程序，就要走两个星期，这种服务周期在盾构机这种重资产设备面前，显得太漫长了。而寄云科技为客户服务的“盾构机分析”，对这种重型设备的施工场景进行实时监控。从盾构机的故障检测需求出发，打造创新型的异常检测、预测性维修系统，包括关键的主推进系统的各个子系统，如电机、齿轮箱等，并实现了实时异常检测，从而大大降低了盾构机的维修与故障所带来的高额成本。

第二章　工业互联网平台供给侧的发展态势

第一节　边缘计算突起，改变传统的格局

边缘计算在2015年以后，用了不到两年时间，完成了意识普及上的异军突起。而ICT厂商一点都没有浪费这个机会，迅速从这里进入了工业领域，尤其是许多被认为是传统自动化供应商的地盘。边缘计算成为ICT巨头轻松进入工业互联网的最好切口。软硬结合（如微软的Azure盒子、亚马逊的雪球箱、谷歌的硬件），令人印象非常深刻。硬件顺利加软，而软件网关（如甲骨文公司Oracle）也顺利入位。工业互联网，已不仅仅是云上的角逐，也成为边缘端厮杀的新战场了。

早在2015年11月，思科、ARM、戴尔、英特尔、微软和普林斯顿大学Edge Laboratory等物联网（IoT）领导者就成立了OpenFog Consortium（开放雾联盟）。该联盟旨在通过开发开放式架构、分布式计算、物联网和数据存储等技术并将其结合在一起，推动万物互联的发展，将数据分析与物联网终端联合在一起。而在2018年12月，开放雾联盟宣布原则上与工业互联网联盟（IIC）合并，这意味着工业物联网、雾和边缘计算领域的两个国际联盟走到一起。在日本，三菱、欧姆龙等企业也在2017年年底联合成立了边缘计算联盟EdgeCross。而在中国，以华为牵头的边缘计算联盟ECC也推进迅速，积极推动边缘智能的发展。

第二节 工业实时性被蚕食突破

无论是算法模型成为新势力，还是直接在芯片系统的原生集成，使得工业级的毫秒级响应的应用，将逐渐不再成为门槛。

其中一种做法就是在边缘层进行数据预处理，剔除冗余数据，从而减轻平台负载压力。有意思的是，软件阵营和硬件厂商纷纷上手。SAP Leonardo Edge Platform 与 Dell 边缘网关集成，实现边缘数据的实时预处理。而华为推出的 EC-IoT 解决方案基于敏捷网关，能够大幅缩短上线时间。

与此同时，基于操作系统和芯片的原生集成正成为重要创新方向。如英特尔（Intel）推出 Wind River Edge Management System 嵌入式管理系统，实现设备与 Intel IoT Platform 的直接互联。Ayla IoT Platform 与博通、高通、意法半导体等芯片巨头合作，将平台接口内嵌在芯片中，直接从芯片层面支持边缘与云端的互联。

OPC UA 和时间敏感网络 TSN 也在迅速上位。一个解决机器互操作问题，一个推动工业以太网迈向兆字节时代，这有望迅速成为扫平工业设备复杂性、协议多样性和实时性的障碍，为 5G 的工厂级应用和万物互联的智能工厂，提前铺平道路。

第三节 从 APP 到微服务的平民化

工业互联网平台中间的 PaaS 平台（Platform as a Service）是最重要的部分。目前最有雄心壮志的选手，都在聚焦这个地方。新型 API 技术和容器部署方式，使得平台本身的快速部署和应用也成为可能；非专业人士（当前很多企业的设备维护都是这一类人员）也能轻松部署——PTC 的可视化做得非常好。与此同时，为各类 APP 开发者提供满足场景应用开发的微服务，正在成为全新的潮流。

这里面最引入注目的是容器技术和工业 APP 的发展。

与既往的虚拟技术不同，容器技术采用了彻底封装的方式，把代码和环境封装在一起，从而实现了环境的无关性。这与当年集装箱的发展非常相似。集装箱发明之前，各种海运的箱子尺寸大小不一，货物上下船搬运非常麻烦。1954 年，世界上第一艘集装箱货船"理想—X"号首航，拉开了现代集装箱航运的大幕。这一看上去只是改变货物运输方式的变化，彻底改变了世界贸易的格局。如果说弗里德曼的畅销书《世界是平的》拉开了人们对全球化的广泛关注，那么"理想- X"号，就是大规模实现全球化贸易运输的决定性力量。

容器技术同样是改变数据传输、推进工业 APP 发展的巨大力量。在 IT 领域崭露头角的微服务，找到了一块巨大的用武之地。微服务的应用，可以分成有一定独立性的模块，便于隔离、快速诊断问题并修复。而这一种解耦的理念，在工业互联网上得到了快速的认可。所有的各种要素，都要独立并尽量服务化，以便快速推进各种资源重组和数字组合。而由于上云的应用，很多都是基于对客户需求的快速反应。为了适应这种快速变化，微服务化和建立在之上的基于场景应用的工业 APP 得到青睐，就是理所当然的事情。

工业互联网平台走向平民化，非 IT 的专业人士也可以轻松上手，这是一个巨大的进步。西门子在 2018 年收购低代码编程的软件公司 Mendix，正是出于对这种趋势的战略考量。

第四节　不同的平台架构

为了更好地建设工业互联网，各自都采用了不同的方式。GE 的 Predix 最早披露其底层架构是基于 Cloud Foundry（CF）。尽管 CF 是一种相对笨重的架构，但由于它具有兼容传统开发架构的使命，因此也是一种适宜的选择。如果用户足够多，那么 CF 的选取还是可以的。从架构上和从具体技术框架的选取上，选择做云服务，还是选择做能在不同的环境灵活部署和运营管理，是两种不太一样的路线。做了云服务的选择，然后再想在其他的环境上简易部署和运营是很不容易的。

PTC在美国工业互联网非常受推崇，也屡获各种IDC、美国Quadrant Knowledge Solutions、欧洲PAC咨询公司等大奖。ThingWorx平台中集成能够实时发现边缘设备异常的模块，并与云端分析交互共享，实现模型迭代生长。这种“边缘与平台协同”，解释了PTC会被很多其他物联网平台作为支撑的一个重要原因。

其实物联网平台的突破，体现在很多方面。例如，新型API技术为多源异构系统的快速集成提供有效支撑，实现边缘设备与云端的集成、传统工业软件与云端的集成、平台内部不同软件和功能的集成。目前，Ayla、Intel IoT、Zatar、Xively、Eurotech等平台更是以REST协议为核心手段实现设备、应用程序、后端系统的全要素集成。

第五节　知识“黑盒”仍然是竞争的焦点

工业互联网不会因为BAT进来而失去其固有的工业复杂性。这其中最为核心的问题仍然是工业技术如何体系化，再通过软件化加以表达。GE、西门子等原有的工业技术积累，依然是巨大的壁垒。即使在所谓的开源、开放的平台上，仍然存在各种巨大的知识“黑盒”，很难探得究竟。以为工业互联网就能抄近路的想法是错误的。因为软件固化的知识，跟硬件固化的知识不同，前者将更加难以洞察，模仿变得更加困难。

然而这个骨头，对中国工业而言，必须啃下去。甲方、乙方的通力深度合作，是必经之路。随着工业互联网的普及，数据分析方法与工业机理知识正在受到更多的关注。对复杂工业数据的深度挖掘，正在成为共识。报告中提到上海隧道工程公司通过与寄云合作，借助平台采集工业检测设备中的各类图像、距离、位置等全部数据，基于岩土知识、扭矩曲线等工业知识机理标记异常信息，对历史数据进行特征提取与模型训练，再接入实时数据进行异常预警，从而解决盾构硬岩掘进机 TBM 施工过程中的难题。这是携手共进的结果。

第六节　“大象、蚂蚁”齐搬家

各家工业企业都在搬家。最忙的还是各种工业终端用户，例如波音、卡特彼勒等需要把自己的业务细节和关键洞察，都搬到云上去。ABB 这种既是工业互联网平台的提供者，又是制造的关键用户，也在忙不迭地搬家。ABB 已经将其面向 20 多个工业领域的 180 余项工业解决方案向 Ability 平台迁移，并且将整个平台落在微软的 Azure 云上面。

一个全民搬家、一片混乱的局面。张飞斗岳飞的情势，也不断发生。西门子的物联网操作系统 MindSphere 先是甜蜜地与 SAP“联姻”共同高调对外公布，然后很快就转向亚马逊的 AWS 云。实际上，对于工业云的快速发展，每个公司都面临着历史经验储备不足的尴尬。

而在中国，西门子在经历过一系列的低调潜行之后，终于在 2018 年先后与航空云网、阿里云高调结成深度联盟。中德两国领导人亲自见证。

这是一个整体局面混乱的时代。很多事情想不清楚，很多事情只能做了才知道。但毫无疑问，将现有工业应用向云端迁移，构建应用服务平台，实现应用的灵活部署与调用，成为主流。包括施耐德电气 EcoStruxure 平台、机器人巨头发那科 FIELD system 平台、国内控制系统的领头羊和利时 HiaCloud 平台、浙大中控的 SuperOS，都在忙着搬家。

工业知识的洪流四溅，大东家也在四处迁移，就像雨前的 10 万蚂蚁大军。真是难得一见的大场面。

第七节 工业互联网社区的崛起

建立生态体系，其实还是一个遥远的梦。工业 APP 是当前工业互联网平台最弱的地方。这使得，每一个野心勃勃的平台提供者，都不得不一边建平台搭场子，一边说服行业联盟者，一边自己撸袖子下地去搬砖头开发应用。在这个过程中，如何抓住工程师的兴趣和需求，从大小不一的社区出发，建立各种丰富的垂直应用，才可能抢先建立出生态体系。

与电商平台赢者通吃的模式不同，工业互联网平台不会出现一两家独大的局面，而是将出现“山”字形结构，也就是在基础平台之上，会站立很多不同、大大小小的山头。这些山头，首先更容易围绕着企业供应链做起。例如，航天云网在一开始的初期攻城略地实践，很多是从中国航天科工集团有限公司的内部企业进行部署。河南液压气动公司就是一个很好的案例。这对于那些拥有成熟供应链的企业，例如美的，建立美云智数 MeiCloud 是顺理成章的事情，对多个分工厂的云管理也变得从容不迫。

第三章　政策为产业保驾护航

第一节　智能制造相关政策梳理

工业互联网的物理基石是智能制造，其承载了各国对于制造业强基升级的期望，给人类经济和社会可持续发展展示了美好前景，也因此受到了世界上多个国家的关注，并纷纷出台相关政策。例如美国“再工业化”计划、德国“工业 4.0”计划、日本“新机器人战略”计划等。

在中国，大力推进信息化与工业化融合发展，是党中央、国务院作出的一项长期性、战略性部署。党的十五大首次从国家战略高度提出信息化，十六大提出“以信息化带动工业化、以工业化促进信息化，走新型工业化的道路”，十七大正式提出“两化融合”，十八大又进一步提出“两化深度融合”，十九大期间提出了“新型工业化道路”。

十九大报告指出，要加快建设制造强国，加快发展先进制造业，推动互联网、大数据、人工智能和实体经济深度融合，在中高端消费、创新引领、绿色低碳、共享经济、现代供应链、人力资本服务等领域培育新增长点、形成新动能。

2017 年 11 月 27 日，国务院发布《关于深化“互联网＋先进制造业”发展工业互联网的指导意见》，明确提出我国将从“供给侧”和“需求侧”两端发力，在平台培育、平台试验验证、百万工业企业上云和百万工业 APP 培育四个方面的重点开展工作，加快形成工业互联网平台应用体系。

2018 年年初，工信部公开表示将统筹推进“323”行动，并实施工业互联网三年行动计划。“323”行动是指打造网络、平台、安全三大体系；推进两类应用，一是大型企业集成创新，二是中小企业应用普及；构建产业、生态和国际化三大支撑。见图 3－1。

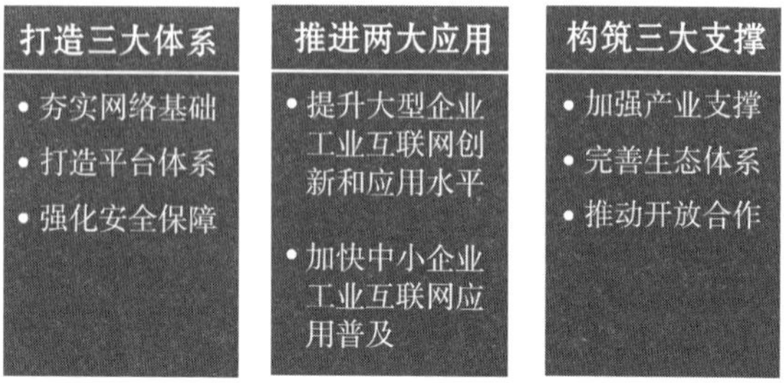

图 3－1　工业互联网发展的“323”行动

2018 年 3 月，我国发布《2018 年政府工作报告》[①]，明确了坚持以供给侧结构性改革为主线，着力培育壮大新动能，经济结构加快优化升级。加快新旧发展动能接续转换。深入开展“互联网＋”行动，实行包容审慎监管，推动大数据、云计算、物联网广泛应用，新兴产业蓬勃发展，传统产业深刻重塑。实施“中国制造 2025”，推进工业强基、智能制造、绿色制造等重大工程，先进制造业加快发展。出台现代服务业改革发展举措，服务新业态新模式异军突起，促进了各行业融合升级。深化农业供给侧结构性改革，新型经营主体大批涌现，种植业适度规模经营比重从 30％提升到 40％以上。采取措施增加中低收入者收入，推动传统消费提档升级、新兴消费快速兴起，网上零售额年均增长 30％以上，社会消费品零售总额年均增长 11.3％。在对 2018 年政府工作的建议中，提出发展壮大新动能。做大做强新兴产业集群，实施大数据发展行动，加强新一代人工智能研发应用，在医疗、养老、教育、文化、体育等多领域推进“互联网＋”。发展智能产业，拓展智能生活。运用新技术、新业态、

① http://www.mod.gov.cn/topnews/2018－03/05/content_4805962.htm，中华人民共和国国防部网。

新模式，大力改造提升传统产业。加强新兴产业统计。加大网络提速降费力度，实现高速宽带城乡全覆盖，扩大公共场所免费上网范围，明显降低家庭宽带、企业宽带和专线使用费，取消流量“漫游”费，移动网络流量资费年内至少降低30％，让群众和企业切实受益，为数字中国建设加油助力。加快制造强国建设。推动集成电路、第五代移动通信、飞机发动机、新能源汽车、新材料等产业发展，实施重大短板装备专项工程，发展工业互联网平台，创建“中国制造2025”示范区。

2018年3月，工业和信息化部办公厅发布《关于做好2018年工业质量品牌建设工作的通知》[①]。通知指出：发展智能制造。深入实施智能制造工程，总结发展经验和模式，加快智能制造在《中国制造2025》重点领域和传统行业的普及应用。完善智能制造标准体系，加快基础共性与关键技术标准研制，支持标准推广应用和国际合作。组织开展智能制造新模式应用，推进产学研用协同发展，推动人工智能等新技术与制造技术深度融合，突破一批关键技术装备与核心工业软件。加大机器人及智能成套装备在民爆行业推广应用力度，鼓励企业提高在线检测和产品全生命周期质量追溯能力。

2018年8月，工业和信息化部国家标准化管理委员会发布了《关于印发国家智能制造标准体系建设指南（2018年版）的通知》[②]。在2018年10月12日召开的世界智能制造大会上，《国家智能制造标准体系建设指南（2018年版）》正式发布。这是在《国家智能制造标准体系建设指南（2015年版）》的基础上，按照标准体系动态更新机制，扎实构建满足产业发展需求、先进适用的智能制造标准体系，推动装备质量水平的整体提升，工业和信息化部、国家标准化管理委员会共同组织制定了《国家智能制造标准体系建设指南

① http：//www.miit.gov.cn/newweb/n1146295/n1652858/n1652930/n3757016/c6083000/content.html，中华人民共和国工业和信息化部网。

② http：//www.miit.gov.cn/gdnps/content.jsp？id＝6428869，中华人民共和国工业和信息化部网。

（2018年版）》。2018年，我国累计制（修）订150项以上智能制造国家标准和行业标准，基本覆盖基础共性标准和关键技术标准；到2019年，累计制（修）订300项以上智能制造国家标准和行业标准，全面覆盖基础共性标准和关键技术标准，逐步建立较为完善的智能制造标准体系。

其实，自2015年以来，我国就陆续发布了多项具体政策，支持智能制造快速发展。以下简单回顾近年来的相关政策。

2015年5月，国务院印发《中国制造2025》，提出通过“三步走”实现制造强国的战略目标[①]。第一步：力争用十年时间，迈入制造强国行列。到2020年，基本实现工业化，制造业大国地位进一步巩固，制造业信息化水平大幅提升。掌握一批重点领域关键核心技术，优势领域竞争力进一步增强，产品质量有较大提高。制造业数字化、网络化、智能化取得明显进展。重点行业单位工业增加值能耗、物耗及污染物排放明显下降。到2025年，制造业整体素质大幅提升，创新能力显著增强，全员劳动生产率明显提高，两化（工业化和信息化）融合迈上新台阶。重点行业单位工业增加值能耗、物耗及污染物排放达到世界先进水平。形成一批具有较强国际竞争力的跨国公司和产业集群，在全球产业分工和价值链中的地位明显提升。第二步：到2035年，我国制造业整体达到世界制造强国阵营中等水平。创新能力大幅提升，重点领域发展取得重大突破，整体竞争力明显增强，优势行业形成全球创新引领能力，全面实现工业化。第三步：新中国成立一百年时，制造业大国地位更加巩固，综合实力进入世界制造强国前列。制造业主要领域具有创新引领能力和明显竞争优势，建成全球领先的技术体系和产业体系。

经推进“一带一路”建设工作领导小组同意，领导小组办公室

① http：//www.gov.cn/zhengce/content/2015 - 05/19/content _ 9784.htm，中华人民共和国中央人民政府网。

于2015年10月发布了《标准联通“一带一路”行动计划（2015—2017）》[①]。重点任务之一是推动共同制定国际标准。在电力、铁路、海洋、航空航天等基础设施领域，节能环保、新一代信息技术、智能交通、高端装备制造、生物、新能源、新材料等新兴产业领域，以及中医药、烟花爆竹、茶叶、纺织、制鞋等传统优势领域，依托我国具有优势的技术标准，主动联系沿线重点国家开展国际标准研究，共同制定国际标准，提升标准国际化水平。

2015年12月，工业和信息化部印发《国务院关于积极推进“互联网+”行动的指导意见》行动计划（2015—2018年）[②]。总体目标是：到2018年，互联网与制造业融合进一步深化，制造业数字化、网络化、智能化水平显著提高。两化融合管理体系成为引领企业管理组织变革、培育新型能力的重要途径；新一代信息技术与制造技术融合步伐进一步加快，工业产品和成套装备智能化水平显著提升；跨界融合的新模式、新业态成为经济增长的新动力，培育一批互联网与制造业融合示范企业；信息物理系统（CPS）初步成为支撑智能制造发展的关键基础设施，形成一批可推广的行业系统解决方案；小微企业信息化水平明显提高，互联网成为大众创业、万众创新的重要支撑平台；基本建成宽带、融合、泛在、安全的下一代国家信息基础设施；初步形成自主可控的新一代信息技术产业体系。

同月，工业和信息化部、国家标准化管理委员会联合发布了《国家智能制造标准体系建设指南（2015年版）》[③]。明确了建设智能制造标准体系的总体要求、建设思路、建设内容和组织实施方式，从生命周期、系统层级、智能功能等三个维度建立了智能制造标准

① http：//www.ndrc.gov.cn/gzdt/201510/t20151022_755473.html，中华人民共和国国家发展和改革委员会网。

② http：//www.miit.gov.cn/n1146295/n1652858/n1652930/n3757016/c4538291/content.html，中华人民共和国国家发展和改革委员会网。

③ http：//www.miit.gov.cn/n1146285/n1146352/n3054355/n3057585/n3057589/c4570069/content.html，中华人民共和国工业和信息化部网。

体系参考模型，并由此提出了智能制造标准体系框架，框架包括“基础”“安全”“管理”“检测评价”“可靠性”等五类基础共性标准和“智能装备”“智能工厂”“智能服务”“工业软件和大数据”“工业互联网”等五类关键技术标准以及在不同行业的应用标准。为便于企业参阅，“建设指南”对现有智能制造相关标准按“基础共性”“关键技术”和“重点行业”进行了分类整理。

2016年3月，工业和信息化部、国家发展改革委、财政部等三部委联合印发了《机器人产业发展规划（2016—2020年）》，引导我国机器人产业快速健康可持续发展[①]。规划中提出了五项主要任务：一是推进重大标志性产品率先突破，二是大力发展机器人关键零部件，三是强化产业基础能力，四是着力推进应用示范，五是积极培育龙头企业。规划还提出了六项政策措施：一是加强统筹规划和资源整合，二是加大财税支持力度，三是拓宽投融资渠道，四是营造良好的市场环境，五是加强人才队伍建设，六是扩大国际交流与合作。

同月，十二届全国人大四次会议批准《中华人民共和国国民经济和社会发展第十三个五年规划纲要》[②]。明确提到了实施智能制造工程，加快发展智能制造关键技术装备，强化智能制造标准、工业电子设备、核心支撑软件等基础。加强工业互联网设施建设、技术验证和示范推广，推动“中国制造＋互联网”取得实质性突破。培育推广新型智能制造模式，推动生产方式向柔性、智能、精细化转变。鼓励建立智能制造产业联盟。高端装备创新发展工程涵盖了航空航天装备、海洋工程装备及高技术船舶、先进轨道交通装备、高档数控机床、机器人装备、现代农机装备、高性能医疗器械、先进化工成套装备。

---

① http：//www.miit.gov.cn/n1146285/n1146352/n3054355/n3057585/n3057589/c4696346/content.html，中华人民共和国工业和信息化部网。

② http：//www.gov.cn/xinwen/2016-03/17/content_5054992.htm，中华人民共和国中央人民政府网。

同月，工业和信息化部印发了《关于开展智能制造试点示范2016专项行动的通知》，并下发了《智能制造试点示范2016专项行动实施方案》[①]。通过试点示范，进一步提升关键技术装备，以及工业互联网创新能力，形成关键领域一批智能制造标准，不断形成并推广智能制造新模式。智能车间/工厂试点示范项目通过2～3年持续提升，实现运营成本降低20%，产品研制周期缩短20%，生产效率提高20%，产品不良品率降低10%，能源利用率提高10%。部署了2016年的具体工作，将聚焦制造关键环节，在符合两化融合管理体系标准的企业中，在有条件、有基础的重点地区、行业，特别是新型工业化产业示范基地中，选择试点示范项目，分类开展离散型智能制造、流程型智能制造、网络协同制造、大规模个性化定制、远程运维服务五种新模式试点示范。

2016年4月，质检总局、国家标准委、工业和信息化部会同有关部门共同编制的《装备制造业标准化和质量提升规划》[②]发布。目标任务是：到2020年，工业基础、智能制造、绿色制造等重点领域标准体系基本完善，质量安全标准与国际标准加快接轨，重点领域国际标准转化率力争达到90%以上，装备制造业标准整体水平大幅提升，质量品牌建设机制基本形成，部分重点领域质量品牌建设取得突破性进展，重点装备质量达到或接近国际先进水平。到2025年，系统配套、服务产业跨界融合的装备制造业标准体系基本健全，企业质量发展内生动力持续增强，质量主体责任意识显著提高，有力支撑《中国制造2025》的实施，标准和质量的国际影响力和竞争力大幅提升，打造一批“中国制造”金字品牌。其中提到，推动装备智能化和质量提升。选择一批辐射带动力强、发展前景好、具有竞争力优势的企业实施制造过程信息化集成和协同应用、质量检测

① http://www.miit.gov.cn/n1146285/n1146352/n3054355/n3057585/n3057589/c4702435/content.html，中华人民共和国工业和信息化部网。

② http://www.miit.gov.cn/n1146295/n1146592/n3917132/n4061630/c5180111/content.html，中华人民共和国工业和信息化部网。

等方面的技术改造，建设产品质量检测系统和追溯体系。依托重点领域智能工厂、数字化车间的建设以及传统制造业智能转型，突破高档数控机床与工业机器人、增材制造装备、智能传感与控制装备、智能检测与装配装备、智能物流与仓储装备等关键技术装备，实现工程应用和产业化，提升装备制造业智能化水平。

2016 年 5 月，国务院印发了《关于深化制造业与互联网融合发展的指导意见》①，部署深化制造业与互联网融合发展，协同推进“中国制造 2025”和“互联网＋”行动，加快制造强国建设。制造业是国民经济的主体，是实施“互联网＋”行动的主战场。推动制造业与互联网融合，有利于形成叠加效应、聚合效应、倍增效应，加快新旧发展动能和生产体系转换。目标是：到 2018 年，制造业重点行业骨干企业互联网“双创”平台普及率达到 80％，成为促进制造业转型升级的新动能来源，制造业数字化、网络化、智能化取得明显进展；到 2025 年，力争实现制造业与互联网融合“双创”体系基本完备，融合发展新模式广泛普及，新型制造体系基本形成，制造业综合竞争实力大幅提升。

2016 年 5 月，国家发展改革委、科技部、工业和信息化部、中央网信办制定了《“互联网＋”人工智能三年行动实施方案》②。实施目标是：到 2018 年，打造人工智能基础资源与创新平台，人工智能产业体系、创新服务体系、标准化体系基本建立，基础核心技术有所突破，总体技术和产业发展与国际同步，应用及系统级技术局部领先。在重点领域培育若干全球领先的人工智能骨干企业，初步建成基础坚实、创新活跃、开放协作、绿色安全的人工智能产业生态，形成千亿级的人工智能市场应用规模。

2016 年 7 月，中共中央办公厅、国务院办公厅印发《国家信息

---

① http：//www.miit.gov.cn/n1146290/n1146392/c4804233/content.html，中华人民共和国工业和信息化部网。

② http：//www.miit.gov.cn/n1146290/n1146392/c4808445/content.html，中华人民共和国工业和信息化部网。

化发展战略纲要》[①]，要求将信息化贯穿我国现代化进程始终，加快释放信息化发展的巨大潜能，以信息化驱动现代化，加快建设网络强国。这是规范和指导未来10年国家信息化发展的纲领性文件。当今世界，信息技术创新日新月异，以数字化、网络化、智能化为特征的信息化浪潮蓬勃兴起。全球信息化进入全面渗透、跨界融合、加速创新、引领发展的新阶段。纲要中提出网络强国“三步走”的战略目标，主要是：到2020年，核心关键技术部分领域达到国际先进水平，信息产业国际竞争力大幅提升，信息化成为驱动现代化建设的先导力量；到2025年，建成国际领先的移动通信网络，根本改变核心关键技术受制于人的局面，实现技术先进、产业发达、应用领先、网络安全坚不可摧的战略目标，涌现一批具有强大国际竞争力的大型跨国网信企业；到21世纪中叶，信息化全面支撑富强民主文明和谐的社会主义现代化国家建设，网络强国地位日益巩固，在引领全球信息化发展方面有更大作为。

2016年9月，工业和信息化部、国家发展改革委联合制定《智能硬件产业创新发展专项行动（2016—2018年）》[②]。智能硬件是指具备信息采集、处理和连接能力，并可实现智能感知、交互、大数据服务等功能的新兴互联网终端产品，是“互联网＋”人工智能的重要载体。其行动目标是：到2018年，我国智能硬件全球市场占有率超过30%，产业规模超过5000亿元。在低功耗轻量级系统设计、低功耗广域智能物联、虚拟现实、智能人机交互、高性能运动与姿态控制等关键技术环节取得明显突破，培育一批行业领军上市企业。在国际主流生态中的参与度、贡献度和影响力明显提升，海外专利占比超过10%。建成标准开发、产品及应用检测、产业供给能力监测三大支撑平台，智能硬件标准化及公共服务能力达到国际先进水

---

① http：//www.gov.cn/xinwen/2016-07/27/content_5095297.htm，中华人民共和国中央人民政府网。

② http：//www.miit.gov.cn/n1146295/n1146592/n3917132/n4062007/c5259057/content.html，中华人民共和国工业和信息化部网。

平。布局若干技术先进、特色突出、优势互补的高水平创新平台，创业创新支撑能力明显提升。智能工业传感器、智能 PLC、智能无人系统等工业级智能硬件产品形成规模示范，带动生产效率提升20%以上。形成一批可复制、可推广的行业应用解决方案，产业便民、惠民成效显现。

2016 年 10 月，工业和信息化部发布《工业控制系统信息安全防护指南》。工业控制系统信息安全事关经济发展、社会稳定和国家安全。涵盖工业控制系统设计、选型、建设、测试、运行、检修、废弃各阶段防护工作要求，从安全软件选型、访问控制策略构建、数据安全保护、资产配置管理等方面提出了具体实施细则。

2016 年 12 月，工业和信息化部、财政部联合制定了《智能制造发展规划（2016—2020 年）》①。规划提出：2025 年前，推进智能制造实施“两步走”战略，第一步，到 2020 年，智能制造发展基础和支撑能力明显增强，传统制造业重点领域基本实现数字化制造，有条件、有基础的重点产业智能转型取得明显进展；第二步，到 2025 年，智能制造支撑体系基本建立，重点产业初步实现智能转型。同时提出了十个重点任务：一是加快智能制造装备发展，二是加强关键共性技术创新，三是建设智能制造标准体系，四是构筑工业互联网基础，五是加大智能制造试点示范推广力度，六是推动重点领域智能转型，七是促进中小企业智能化改造，八是培育智能制造生态体系，九是推进区域智能制造协同发展，十是打造智能制造人才队伍。

2017 年 8 月，工业和信息化部发布《2017 年工业转型升级（中国制造 2025）资金（部门预算）项目指南的通知》②。围绕《中国制造 2025》年度任务和工信部部年度中心工作，主要支持制造业创新

① http：//www.miit.gov.cn/n1146285/n1146352/n3054355/n3057585/n3057589/c5405907/content.html，中华人民共和国工业和信息化部网。

② http：//www.miit.gov.cn/n1146295/n1146592/n3917132/n4061512/c5766625/content.html，中华人民共和国工业和信息化部网。

能力建设、产业链协同能力提升、产业共性服务平台、新材料首批次应用保险 4 个方面共 25 项重点任务。

2017 年 11 月，工业和信息化部发布《高端智能再制造行动计划（2018—2020 年）》[①]。主要目标是：到 2020 年，突破一批制约我国高端智能再制造发展的拆解、检测、成形加工等关键共性技术，智能检测、成形加工技术达到国际先进水平；发布 50 项高端智能再制造管理、技术、装备及评价等标准；初步建立可复制推广的再制造产品应用市场化机制；推动建立 100 家高端智能再制造示范企业、技术研发中心、服务企业、信息服务平台、产业集聚区等，带动我国再制造产业规模达到 2000 亿元。

2017 年 12 月，工业和信息化部发布《促进新一代人工智能产业发展三年行动计划（2018—2020 年）》[②]。以信息技术与制造技术深度融合为主线，以新一代人工智能技术的产业化和集成应用为重点，推进人工智能和制造业深度融合，加快制造强国和网络强国建设。提出了四方面主要任务：一是重点培育和发展智能网联汽车、智能服务机器人、智能无人机、医疗影像辅助诊断系统、视频图像身份识别系统、智能语音交互系统、智能翻译系统、智能家居产品等智能化产品，推动智能产品在经济社会的集成应用。二是重点发展智能传感器、神经网络芯片、开源开放平台等关键环节，夯实人工智能产业发展的软硬件基础。三是深化发展智能制造，鼓励新一代人工智能技术在工业领域各环节的探索应用，提升智能制造关键技术装备创新能力，培育推广智能制造新模式。四是构建行业训练资源库、标准测试及知识产权服务平台、智能化网络基础设施、网络安全保障等产业公共支撑体系，完善人工智能发展环境。

同月，工业和信息化部发布关于印发《工业控制系统信息安全

---

① http：//www. miit. gov. cn/n1146295/n1146592/n3917132/n4061768/c5900275/content. html，中华人民共和国工业和信息化部网。

② http：//www. miit. gov. cn/n1146285/n1146352/n3054355/n3057497/n3057503/c5960745/content. html，中华人民共和国工业和信息化部网。

行动计划（2018—2020年）》[①]。工业控制系统信息安全是实施制造强国和网络强国战略的重要保障。主要目标是：到2020年，全系统工控安全管理工作体系基本建立，全社会工控安全意识明显增强。建成全国在线监测网络，应急资源库，仿真测试、信息共享、信息通报平台（一网一库三平台），态势感知、安全防护、应急处置能力显著提升。培育一批影响力大、竞争力强的龙头骨干企业，创建3～5个国家新型工业化产业示范基地（工业信息安全），产业创新发展能力大幅提高。

第二节　工业互联网相关政策

据中国工业互联网产业联盟测算，2017年我国工业互联网直接产业规模约为5700亿元，在2017年到2019年期间，预计产业规模将以18％的年均增速增长，至2020年时将达到万亿元规模。基于国务院以及各部委公布的有关工业互联网的产业政策，从自上而下的角度看产业的蓬勃发展。

1. 国家工业互联网政策力度空前

自2015年以来，国家陆续出台了《中国制造2025》“互联网＋”等多项产业政策，推动工业互联网的建设。尤其在十九大报告中提出要“推动互联网、大数据、人工智能和实体经济融合”后，工业互联网相关政策更是持续加码。2017年11月，国务院发布《关于深化“互联网＋先进制造业”发展工业互联网的指导意见》[②]。在指导意见中，明确了发展目标：立足国情，面向未来，打造与我国经济发展相适应的工业互联网生态体系，使我国工业互联网发展水平走

---

① http：//www.miit.gov.cn/n1146290/n4388791/c5996116/content.html，中华人民共和国工业和信息化部网。

② http：//www.miit.gov.cn/n1146290/n4388791/c5930249/content.html，中华人民共和国工业和信息化部网。

在国际前列，争取实现并跑乃至领跑。到2025年，基本形成具备国际竞争力的基础设施和产业体系。覆盖各地区、各行业的工业互联网网络基础设施基本建成。工业互联网标识解析体系不断健全并规模化推广。形成3～5个达到国际水准的工业互联网平台。产业体系较为健全，掌握关键核心技术，供给能力显著增强，形成一批具有国际竞争力的龙头企业。基本建立起较为完备可靠的工业互联网安全保障体系。新技术、新模式、新业态大规模推广应用，推动两化融合迈上新台阶。其中，在2018—2020年三年起步阶段，初步建成低时延、高可靠、广覆盖的工业互联网网络基础设施，初步构建工业互联网标识解析体系，初步形成各有侧重、协同集聚发展的工业互联网平台体系，初步建立工业互联网安全保障体系。到2035年，建成国际领先的工业互联网网络基础设施和平台，形成国际先进的技术与产业体系，工业互联网全面深度应用并在优势行业形成创新引领能力，安全保障能力全面提升，重点领域实现国际领先。到21世纪中叶，工业互联网网络基础设施全面支撑经济社会发展，工业互联网创新发展能力、技术产业体系以及融合应用等全面达到国际先进水平，综合实力进入世界前列。

2018年2月，工业和信息化部开展工业互联网“323”行动，计划实施工业互联网三年行动计划，紧接着，国家制造强国建设领导小组下设立工业互联网专项工作组，统筹协调我国工业互联网发展工作，另外，《2018年国务院政府工作报告》中也提出“发展工业互联网平台，创建‘中国制造2025’示范区”。这些政策频出的背后，是国家希望以推进供给侧结构性改革为主线，结合实施“中国制造2025”和“互联网+”，依托工业互联网，促进新一代信息技术与制造业的深度融合，从而推动实体经济的转型升级。

2018年5月，工业和信息化部印发了《工业互联网APP培育工程实施方案（2018—2020年）》，提出未来三年（2018—2020），在国家制造强国建设领导小组的领导下，鼓励地方政府出台政策，并整合行业协会、产业联盟、科研院各方力量，形成协同推进工业

APP 的格局。同时，充分发挥财政资金导向作用，鼓励地方政府设立专项资金并引导社会资本，多元化渠道加强对工业 APP 的资金投入，到 2019 年 12 月，力争将工业 APP 规模扩大至 10 万，工业 APP 创新应用企业的工业技术软件化率达 30%；到 2020 年 12 月，工业 APP 规模达 30 万个，工业 APP 创新应用企业的工业技术软件化率达 50%。

2018 年 6 月，工业和信息化部印发《工业互联网发展行动计划 2018—2020 年》和《工业互联网专项工作组 2018 年工作计划》，提出到 2020 年年底初步建成工业互联网基础设施和产业体系的行动目标，并推动 30 万工业企业上云，培育 30 万个工业应用 APP，重点领域形成 150 个工业互联网集成创新应用试点等具体目标。三年内，中国将初步建成适用于工业互联网高可靠、广覆盖、大带宽、可定制的企业外网络基础设施，支持工业企业建设改造工业互联网企业内网。还将初步构建工业互联网标识解析体系，建成 5 个左右标识解析国家顶级节点，标识注册量超过 20 亿。到 2020 年年底，中国要初步形成各有侧重、协同集聚发展的工业互联网平台体系，遴选 10 个左右跨行业跨领域平台，培育一批独立经营的企业级平台。

三年行动计划发布后一周，工业和信息化部重磅发布《2018 年工业互联网创新发展工程拟支持项目名单》，入选项目从各省份申报项目中筛选而出，竞争激烈，最终能够成功入选的企业，体现出其在工业互联网领域的领先优势以及国家对其产品能力的认可，对工业互联网平台来说，未来基于平台的开发生态是关键，现阶段领先企业具有先发优势。

此次工业互联网平台项目共有 20 个，具体如下：

1）工业互联网平台试验测试（8 家）：阿里云、东方国信、浪潮软件集团（浪潮信息、浪潮软件）、海尔集团、航天云网、用友网络、徐工集团、三一集团；

2）流程行业、离散行业平台试验测试（8 家）：东方国信、石化盈科、宝信软件、中油瑞飞、国网青海、华能集团、徐工信息、一汽股份；

3）特定区域平台试验测试（4家）：紫光股份、航天云网、北汽集团、四川长虹。

2018年7月，为推动落实《工业互联网发展行动计划（2018—2020年）》和《工业互联网专项工作组2018年工作计划》，全面掌握工业互联网网络发展情况，加快推动工业互联网网络体系建设，工业和信息化部组织开展工业互联网网络发展情况调查摸底工作。调查对象包括参与工业互联网建设的工业企业、信息技术企业等。调查方式以问卷调查为主，实地调研为辅。主要调查各地工业互联网网络发展总体情况和存在问题、工业互联网网络体系相关政策措施贯彻落实和实施情况、对进一步推动工业互联网网络发展的意见和建议等①。

2018年8月，为推动基于互联网的制造业技术、模式、业态等创新和应用示范，中华人民共和国工业和信息化部网根据《关于组织开展2018年制造业与互联网融合发展试点示范工作的通知》要求，经各组织单位推荐、专家组评审、网上公示等环节，确定125个2018年制造业与互联网融合发展试点示范项目②。其中包括：两化融合管理体系贯标50项、工业互联网平台解决方案试点示范12项、重点工业产品和设备上云试点示范15项、信息物理系统（CPS）试点示范14项、工业大数据应用服务试点示范11项、工业电子商务平台试点示范14项、中德智能制造合作试点示范9项。

2018年12月，为贯彻落实工业和信息化部《信息通信行业发展规划物联网分册（2016—2020年）》，按照《工业和信息化部办公厅关于开展2018年物联网集成创新与融合应用项目征集工作的通知》要求，经项目推荐、综合评审和网上公示等环节，工业和信息化部

---

① http：//www.miit.gov.cn/n1146295/n1652858/n1652930/n3757016/c6315406/content.html，中华人民共和国工业和信息化部网。

② http：//www.miit.gov.cn/n1146295/n1652858/n1652930/n3757022/c6397969/content.html，中华人民共和国工业和信息化部网。

公布了2018年物联网集成创新与融合应用项目名单[①]。这些项目包括三大类：

1）关键技术突破类：传感器技术、物联网操作系统、物联网与大数据融合关键技术、物联网核心芯片等；

2）重点领域应用类：智能制造、智能交通和车联网、智慧医疗和健康养老、智慧城市等；

3）服务保障体系类：产业公共服务平台、测试与安全评估体系等。

政策的密集发布，以及调研与示范项目的发布，让我们看到国家对于工业互联网的重视程度和布局决心，也体现出国家对于工业互联网的支持从广度和深度均有提升。国家政策推动的同时，也获得地方政府的力推，纷纷落地工业互联网扶持政策。

2. 地方纷纷落地工业互联网扶持政策

各地积极推动工业互联网发展，取得了显著成效。工业互联网网络是实现人、机器、车间、企业等主体以及设计、研发、生产、管理、服务等产业链各环节的全要素泛在互联的基础，是工业智能化的“血液循环系统”，是推动发展工业互联网的重要基础设施。

浙江推出“1＋N”工业互联网平台。浙江率先推进建立“1＋N”工业互联网平台体系和行业联盟，“1”是指由阿里云、中控、之江实验室共建的supET工业互联网平台，它将作为底层平台和基础设施服务于工业企业转型升级。“N”指的是以“1”为地基，培育出一批领先的工业互联网平台。“1＋N”工业互联网平台首批将建设5～10家领先的工业互联网子平台。

广东、上海、湖南、重庆先前已有工业互联网行动计划落地。广东是全国首个出台的工业互联网地方政策的省份，明确目标到2020年，将在全国率先建成完善的工业互联网网络基础设施和产业

① http://www.miit.gov.cn/n1146295/n1652858/n1652930/n3757016/c6553134/content.html，中华人民共和国工业和信息化部网。

体系，推动1万家工业企业运用工业互联网新技术、新模式实施数字化、网络化、智能化升级，带动20万家企业“上云上平台”。湖南省的目标是到2018年，“上云”企业达到5万家，典型标杆应用案例达1000个；到2020年，湖南省50%的企业将实现“上云”。上海市计划到2018年完成2万家企业用户的“上云”计划。重庆市也发布相关政策，计划到2020年，建设工业互联网创新中心和工业互联网示范基地，形成3—5个具备国内竞争力的工业互联网平台，培育10家龙头引领企业，2万家企业“上云上平台”，实施100个试点示范项目，建成20个智能工厂和200个数字化车间，基本形成工业互联网生态。

2018年12月，首届广州市工业互联网生态大会在广州召开，地方政府主管部门、专家学者和工业互联网产业链供需双方企业代表近千人参加会议。工业和信息化部信息化和软件服务业司司长谢少锋出席会议并致辞。下一步，工业和信息化部信息化和软件服务业司将不断加大工业互联网平台建设推广力度，一是“建平台”，建设一批工业互联网平台试验测试环境及测试床；二是“用平台”，推动百万工业企业上云，以工业设备上云牵引平台技术迭代和功能演进；三是“补短板”，实施工业互联网APP培育工程，推进工艺经验的程序化、工业知识的显性化和工业智能的云计算化；四是“建生态”，通过培育开源社区、举办创新竞赛、加强平台产融产金合作等举措，打造基于工业互联网平台的制造新生态①。

其他一些省市地区也纷纷出台相关政策。展望2019年，工业互联网在多个细分领域建设将不断加速投入，基础设施、平台建设、工业应用、安全保障等四细分领域具备较强竞争力的公司均迎来新一轮发展机遇。

---

① http：//www.miit.gov.cn/n1146290/n1146402/n1146440/c6553811/content.html，中华人民共和国工业和信息化部网。

第三节 “两化深度融合”的进展

2012年“两化深度融合”提出后，工业和信息化部按照“点、线、面”推动两化融合发展。“点”是在全国遴选了800多家典型企业的案例；“线”是建立了35个行业两化融合评估指标体系，并于2016年遴选出了600家试点企业；“面”是在2009年到2011年选择了8个试验区，2011年到2014年又选择了8个新的两化融合试验区[①]。同时，工业和信息化部采取了一系列相关举措，促进重要产品和成套装备智能化转型。

2018年，两化深度融合阶段性成效显著。一是两化深度融合水平持续提升。成功组建全国两化融合标委会，两化融合管理体系累计完成9项国家标准立项和3项国际标准立项，4项国家标准发布，推动全国1万2千多家企业开展贯标，引导12万家企业开展两化融合评估诊断，制造业数字化、网络化、智能化水平持续提升。截至2018年9月，企业数字化研发设计工具普及率和关键工序数控化率分别达到67.8%和48.5%。二是工业互联网平台发展迈出坚实步伐。培育超过50家有一定影响力的区域工业互联网平台，工业设备连接数量超过10万台套，工业大数据、工业APP、边缘采集、智能网关等成为发展热点。三是制造业“双创”平台建设取得积极成效。累计遴选了266个“双创”平台试点示范项目，截至2018年6月，制造业重点行业骨干企业“双创”平台普及率为75.1%。四是新业态新模式不断涌现。截至2018年6月，开展网络化协同、服务型制造、个性化定制的企业比例分别达33.7%、24.7%、7.6%[②]。

两化融合管理标委会于2018年6月14日由国家标准化管理委

① 王建伟：《大化无痕——两化融合强国战略》，人民邮电出版社，第130页。

② http：//www.miit.gov.cn/n973401/n5329857/n5329882/c6512940/content.html，中华人民共和国工业和信息化部网。

员会批准成立。标准工作组的建立是标委会建设的重要内容，也是加快标准制定的重要举措。已成立的5个标准工作组包括两化融合管理体系（WG1）、工业互联网管理（WG6）、工业信息安全（WG7）、数字化质量管理（WG10）以及制造业新模式（WG14）等，下一步，工业和信息化部将进一步加强对两化融合管理标委会的指导，完善标准化工作机制，聚焦融合发展关键领域，设立相关标准工作组，加快两化融合领域标准建设、贯标推广和国际标准化进程，为坚持以标准为引领推动两化深度融合提供组织保障①。

2018年12月，由国家工业信息安全发展研究中心主办的2018年两化融合推进会在北京召开。下一步，信息化和软件服务业司将深刻把握新时代两化融合的新定位、新内涵、新特征，着力推动互联网、大数据、人工智能和制造业深度融合。一是加强两化融合标准体系建设，二是创新推进两化融合管理体系贯标，三是加快打造工业互联网平台体系，四是持续提升系统性解决方案供给能力，五是加快融合发展方案国际推广②。

在工业和信息化部信息化和软件服务业司、科技司、国际合作司的指导和支持下，由国家工业信息安全发展研究中心牵头的首个两化融合国际标准——《企业数字化转型过程中可持续竞争能力建设方法论》拟于2019年3月正式发布。该国际标准项目以我国两化融合管理体系国家标准GB/T 23000—2017、GB/T 23001—2017的核心成果为基础，为引导企业以数据为驱动，加速技术变革、流程优化和组织创新，持续打造数字经济时代新型能力，加速数字化转型提供了方法指导。一是定义了“两化融合”等关键术语，为统一各方对两化融合的认识、进一步促进合作交流奠定基础；二是将国

① http：//www.miit.gov.cn/n1146290/n1146402/n1146440/c6549112/content.html，中华人民共和国工业和信息化部网。

② http：//www.miit.gov.cn/n1146285/n1146352/n3054355/n3057656/n3057660/c6545938/content.html，中华人民共和国工业和信息化部网。

家标准中的两化融合管理体系基本框架成功推广为国际标准，为制造业数字化转型背景下增进国际交流、深化务实合作创造了条件；三是以两化融合管理体系基本框架为基础，给出了企业在两化融合背景下建设可持续竞争能力的通用方法，是面向国际共享企业数字化转型经验的重要内容[①]。

① http：//www.miit.gov.cn/n1146290/n1146402/n1146440/c6549079/content.html，中华人民共和国工业和信息化部网。

第四章　发展中国特色的工业互联网道路

第一节　“两化深度融合”走向“新型工业化道路”的落地实践

截至 2017 年，我国 47.7%的企业已经在研发设计、生产、采购、财务、办公等至少 1 个单项方面实现信息化，33%的企业正在起步建设信息化的集成推进，15.2%的企业已经初步实现集成提升，4.1%的企业实现了创新突破[①]。见图 4-1。

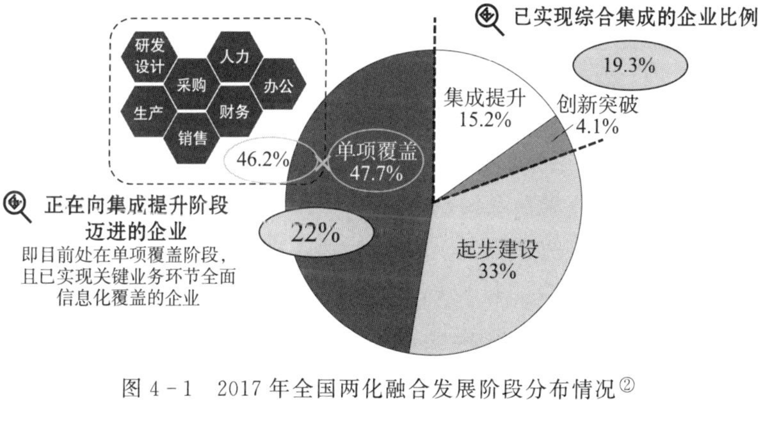

图 4-1　2017 年全国两化融合发展阶段分布情况[②]

从细项指标来看，数字化层面的数字化研发设计工具普及率和电子商务应用率均超过了 50%，关键工序数控化率也达到了 40%，

---

① 王建伟：《大化无痕 ——两化融合强国战略》，人民邮电出版社，第 130 页。
② 引自《2017 中国数字经济发展报告》。

但集成互联和智能协同层面的各项指标仍均处于较低水平。见图 4－2。

指标		整体		大型企业		中型企业		小微型企业		中国制造2025 两化融合目标(2017)
		2017	2016	2017	2016	2017	2016	2017	2016	
数字化	数字化研发设计工具普及率(%)	63.2	61.8	82.6	81.4	74.1	72.6	**57.0**	55.7	64%
	关键工序数控化率(%)	46.4 (34.1)	45.7 (33.3)	56.1	56.1	44.2	43.6	**28.9**	28.0	40%
	关键业务环节全面信息化的企业比例(%)	40.3	38.8	60.7	58.9	50.4	48.1	34.3	32.6	
集成互联	应用电子商务的企业比例(%)	55.1	54.0	66.8	64.4	59.8	58.9	52.0	51.1	
	实现设计与制造集成的企业比例(%)	18.8	17.7	36.6	33.5	23.3	23.0	14.8	14.0	
	实现管控集成的企业比例(%)	15.5	14.6	30.7	29.1	20.7	19.6	11.8	11.2	
智能协同	实现产供销集成的企业比例(%)	20.0	18.7	42.2	41.0	28.8	27.1	14.1	13.2	
	实现产品全生命周期管控的企业比例(%)	7.9	7.3	13.8	12.9	9.3	9.2	6.5	6.0	
	实现产业链协同的企业比例(%)	6.6	6.3	12.1	12.0	8.7	8.5	5.2	4.8	
	智能制造就绪率(%)	5.6	5.1	**14.5**	13.7	8.1	7.7	3.6	3.2	

图 4－2　2016—2017 年全国两化融合关键指标水平①

此外，随着消费互联网向产业、工业领域渗透，两化融合又增添了“互联网＋”的新内涵。互联网与工业融合基本沿产业链由下游向上游推进，消费品行业面对多变的消费需求，最靠近消费者，因此互联网给消费品行业及与之密切相关的零售业带来的挑战是其他任何行业无法企及的。可以说，互联网首先引起的是消费品行业的变革。事实上，这一变革最明显，正处于由深入向引领过渡的阶段，主要表现在以生产者为核心的生产组织模式从大规模集中生产转向按需制造、个性化、柔性化生产。为了更好地适应这种变革，在产业链传导机制的作用下，中游装备行业柔性、可重构的生产体

① 引自《2017 中国数字经济发展报告》。

系应运而生，互联网对装备行业的影响作用初显端倪，设计互联网的主要应用包括虚拟制造、柔性生产、运维服务以及智能制造等；位于上游的原材料行业受互联网的影响滞后于上、中游行业，目前仅在生产线能源管控、节能减排监测等局部领域探索应用，真正的变革性影响尚未发生①。

以江苏省常州市为例，在对常州地区的调研中，研究了企业信息化投入情况。企业当前已经部署的信息化应用，主要集中在实现办公自动化、企业资源管理ERP、产品设计软件CAD等方面。企业未来计划尽快部署的则主要是仓储管理WMS、制造执行系统MES、人力资源管理系统HRM、供应链管理及采购软件SCM/SRM等。见图4-3、图4-4、图4-5。

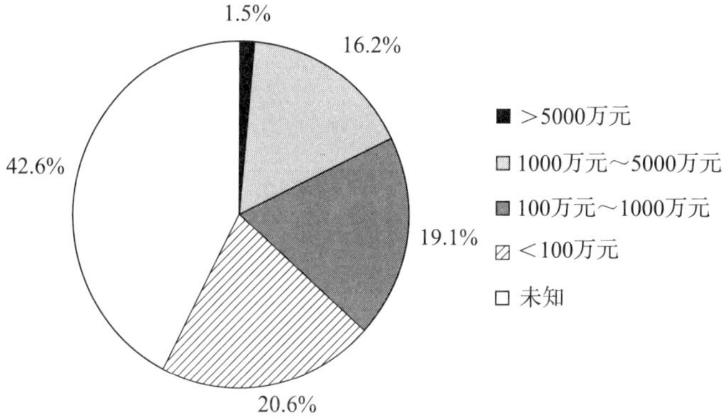

图4-3　企业近三年信息化投入（万元）

① 王建伟：《大化无痕——两化融合强国战略》，人民邮电出版社，第20页。

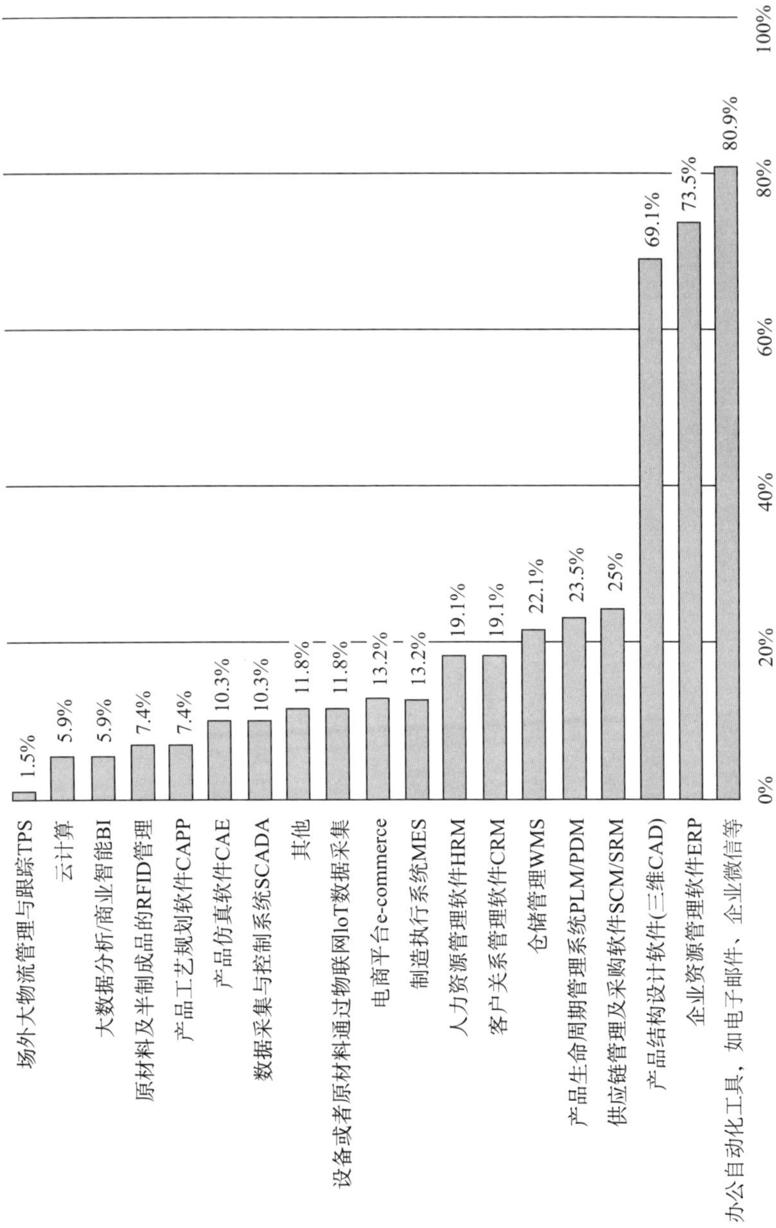

图 4－4　企业当前已经部署的信息化应用

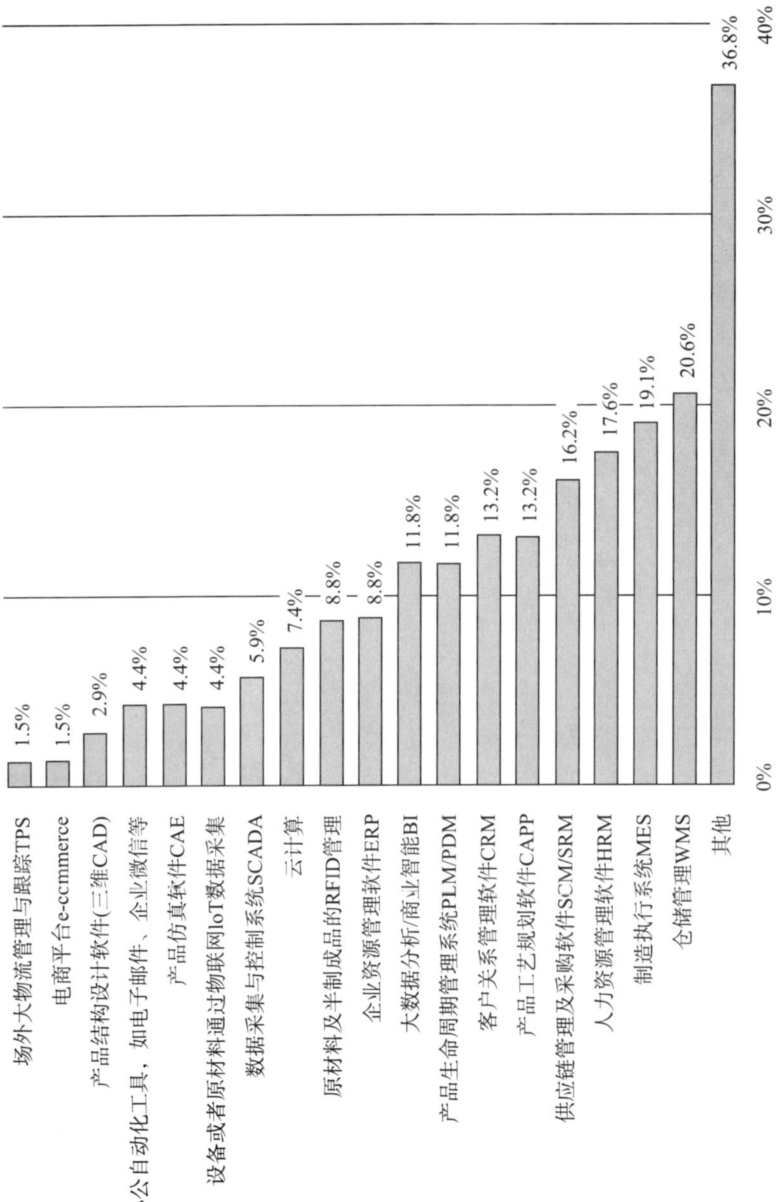

图 4－5　企业未来 1～2 年计划部署的信息化应用

第二节 工业互联网是信息化的抓手

两化融合作为当下中国制造的主战场，需要继续坚定不移地推进。而工业互联网，则是当前信息化的一个重要抓手。信息产业有发展比较成功的例子，一个是通信，一个是消费者互联网。而工业互联网同样面临着很好的机会，它跟软件行业既有关联，也有不同。

软件为什么很难发展，其既有技术和原始创新的落后问题，也有缺乏规模化市场来引领的原因。中国的软件供应商的规模都非常小。美国公司收入一个美金，如果稍微可以对标的公司，那么中国公司的收入至少应该是一个人民币。IBM 年收入是 1000 亿美金，在中国需要有一个 1000 亿元人民币收入的软件公司，才能基本跟上。

然而实际上，中国连一个上百亿的纯软件公司都没有。发展软件的路程是漫长的。投入是一个巨大的门槛，而且软件一旦开发成功，复制成本是非常低的。对方完全可以通过降价，挤压市场。整个软件行业是条块分割、销售成本高，加上企业的管理也弱，因此这种单打独斗的市场，中国很难占有优势。

软件行业跟国外的差距巨大，但它呈现了跟芯片不一样的特点。因为新的软件技术，正在通过平台，使得一些产业发生了颠覆性的变化。例如，亚马逊公司，几乎看不到它的软件能力，但其却最为有力地促进了电子商务、云计算、人工智能、智能家居的巨大发展。

同样，阿里巴巴以前跟软件技术也不沾边。而现在，软件变成了它的战略资产。对于传统软件巨头，比如 IBM、惠普，包括戴尔收购的 VMware，以前都是以行业的软件和企业方向为主，在行业占据霸主地位。但现在，它们都面临着新兴的互联网和开源软件的挑战。很多核心软件和基础平台，都开始进入开源阶段。对于中国，这也是一种机遇。

制造业转型的需求，主要有智能生产、智能产品和智能服务三大块，这些都需要靠软件和制造业相结合。而工业互联网平台提供了相互连接的机会。

互联网化，很容易被等同于以前的一些工业软件。工业研发所需要的设计软件和全生命周期 PLM 软件，都是小众市场，跟踪和赶超是非常艰难的，它需要长期跟踪，既要砸钱，也要砸时间。

工业互联网，不是简单的工业软件和数据的叠加，它引出一个产业平台的概念，这使得其呈现出了跟既往软件发展完全不同的道路，因此对制造业的转型升级，至关重要。

第三节　产业市场反向引导技术积累

技术积累和原始创新的缺乏，是行业的共性问题，但两个行业——互联网和电信行业，很好地解决了这个问题。

互联网行业最早的时候，没有技术积累，也缺乏原始创新，但现在产业上有了一些原始创新和积累，就可以进行培育原始创新能力、技术创新和商业模式创新，特别是在人工智能技术上面，还有一定的创新能力。通信行业也是如此。我们可以将通信行业概括为 1G 空白、2G 跟随、3G 同步、4G 创新、5G 领先。产业发展得好，市场规模起来了，就有能力培育原始创新能力。如果存在一个规模化的市场，那么培育产业先行是一个重要步骤。就中国的电信领域而言，这个规模化的市场的主导者，就是运营商。通过对 13 亿人口的深耕，就会形成一个非常明显的规模化效应，反过来可以带动更多的信息化和原始创新，并逐渐积累下去。

现在有一种说法，科技正在完成“从科到技”的变化。“技”指的是产业为主导。产业掌握了，然后回过头来做一些核心环节的追赶。

许多产业会吸引全新的玩家进入。例如，自动驾驶是一个基于传统制造的高科技行业，吸引了很多互联网的厂家入局。百度也投入大量资金，推动了这个行业的发展，但在跟谷歌和其他巨头之间竞争时，其技术相对较弱。将技术开源，吸引更多的生态合作伙伴，可能是一条更好的思路。而类似百度这样的企业，通过其他业务的资金积累，以及创新的思维模式，是可以反向拉动汽车行业发展的。

在一个新的大的行业的产业机会上头，占据了一个很高利润的行业，然后反过来有能力来做一些战略布局。正如谷歌最早就是广告搜索。有了利润，就可以进行延伸，发展出越来越大的高科技行业。手机操作系统也是如此。作为对抗先行一步的苹果操作系统，谷歌采用的方式是开源，从而迅速占领了手机市场。

第四节　软件互联网化带来的机会

促进一个产业的发展，最核心的问题是培育健康的市场环境，打造规模化的市场。它对于软件行业的发展，同样是最为核心的因素。当下，随着互联网、云计算、大数据和人工智能的发展，提供了一个“软件规模化”的应用条件。

云、PaaS、软件作为一种服务，尽管开拓市场的门槛很高，但同时也是一个集合市场，可以免除很多软件商单打独头的销售成本。

在以前，中国的软件市场非常小，但云计算带来的这种软件服务方式，收入可从百亿元提升到千亿元。尽管与美国相比，这个软件服务收入仍然很少，但却是发展空间的一个显著变化。

整体而言，中国的软件市场从以前根本不在赛场之内，到现在基本能参与，就是一个巨大进步。

软件的互联网化，或称为软件的开源化和共享化，在某种程度上，弥补了核心技术的部分差距，主要体现在以下三个方面：

第一，它提供了统一软件分发和管理平台，从而出现了规模化和标准化管理的机遇。

第二，数据作为一种资产，能够充分利用中国系统的产业优势。规模大、样本多、覆盖面广，就可能建立各种基于场景的丰富应用。

第三，人工智能的质量也是基于大数据。中国的互联网产业发展基本与世界同步，在应用领域推广也不遗余力，这就提供了一些追赶的机遇。

互联网化能够推动软件技术和实体经济的融合。制造业是国民经济的主体，企业应是软件应用的主战场。工业互联网恰逢其时。正如互联网的 TP/TCP 协议是一个伟大的发明，它解决了互联互通的问题，但就这个协议本身而言，并没有多大的技术含量，关键在于合适的时机，进行应用上的普及。而当下，不管是基本的经济能力，还是对软件的价值认同，工业互联网都到了发展的最好时机。

第五节　产业主导权与核心技术的差别

为什么起点类似，有的行业可以赶超，有的行业却不行？

我国目前还没有掌握制造飞机的很多核心技术，却要自己研制的原因就是要掌握产业的主导权。

显然产业主导，跟核心技术有着明显的差异。

中国高铁为什么能成功？其最主要的一个原因是“以我为主”，加上有规模和时间来提高创新能力，国产率从 20%、40%，逐渐发展到 80%。

汽车行业为什么就不能获得同样的成功？其原因在于汽车行业最开始的产业主导权在国外制造商手中。中国汽车市场采用合资的方式，继续打国外品牌，根本没有运营权，因此，虽然汽车产业的发展规模很大，但品牌和产业主导权都不在我们手里。

工业互联网发展，就是要掌握工业互联网平台的运营权。只要有一个规模化运营的网络，就有机会逐一补上短板。这种规模化运营的思路，跟既往的应用软件有很大不同。以中国游戏产业发展为例，盛大最早的游戏都是从韩国人那里“借来的”，但在代理过程中掌握了运营权，这样最后就有机会自己开发游戏，甚至并购韩国的游戏。

当然，规模化的市场，跟产业主导性相对应。如果是小而散的软件商，则很难培育出一个产业。中国软件市场中的一个一个孤立的软件，形成不了规模化，因为它的市场壁垒太高。

工业互联网，可以塑造一个海量市场，但并不是通过单点突破，而是实现应用场景的积累和迭代，最终可以形成中国规模化的市场和产业的主导权。

第六节 工业互联网先锋GE案例分析

GE从2012年提出工业互联网概念，2014年启动工业互联网联盟，并在随后轰轰烈烈地推出了工业互联网平台的明星品牌Predix，引起了行业的强烈共鸣。随后，GE的股价一直持续走低，引起了众多人对工业互联网的反思。2018年7月底传出Predix要出售的消息，一时间愕然一片。2018年年底，GE宣布Predix将独立门户。前后经历大半年的猜测，靴子终于落地。简单回顾这个案例，对了解工业互联网会有很多好处。

2015年8月，GE公布了Predix云平台[①]。GE号称这是当时市场上唯一的工业云产品，专门为跨行业的工业大数据分析而建立。它主要是用来管理、分析和储存数据，致力于将各种工业连接在一起，尤其是GE有优势的领域。两年前，GE跟亚马逊AWS、埃森哲（Accenture）和Pivotal三家一起推出大数据分析平台，但一直未正式对外开放商用。更早之前，GE与Intel、Cisco、Pivotal（GE投资公司）和AWS达成合作关系，建立工业互联网联盟。

这段经历，是一个学习本领的过程。GE Predix云平台，借用了此前的一些设计思想。其PaaS平台建立在内部，但仍然可以发挥其他的云基础。例如，Predix云继续使用了Pivotal的CF平台，作为应用开发和部署环境。

2015年9月，GE合并了三个部门：软件中心、全球IT和商业

① https：//www. zdnet. com/article/ge - unveils - predix - cloud - for - industrial - data - analytics/

软件部门，以及新收购的加拿大工业安全系统 Wurldtech，正式成立了 GE digital[①] 事业部，以便更好地在物联网市场上脱颖而出。

显然，GE 已经开始义无反顾地进行数字化转型，“这个工业公司的数字化是我参与过的最大的转变”[②]。伊梅尔特甚至在面向诸多首席信息官 CIO 大会上，直接向这些跃跃欲试的高管们，发出招募的邀请。

2015 年是工业互联网最为美好的一年。新月初上，迎接它的是一个浩瀚无垠、等待探索的天空。

2016 年. 一切都在等待落地。首先是 Predix 正式对外发布。而在内部，变革首先在 GE 电力事业部展开。3 月，GE Power 电力部门设立了 GE Digital 的解决方案部门。老将 Bell 负责这个部门，将物联网、云和分析引入公用事业，以创造更好的服务和新的商业模式。

早在 6 个月前，通用电气公布了它的数字发电厂套件，提供三类云应用，包括资产性能管理、运营优化和业务优化。现在，GE 已经找到了 15 个新客户在该平台上运行。

Facebook 了解社交场景，LinkedIn 了解职业场景，而 GE 了解工业资产场景。这是 GE 给人带来的憧憬。一个工厂往往有海量的机器数据。一台带有 3000 个传感器的涡轮机每天可以产生 45 GB 的数据，包括热、空气和材料疲劳。对这些数据的处理，成为 GE Predix 需要迎接的挑战。为此，GE 创建了大量的数字孪生，一种物理资产的数字版本，来进行分析，从而将物理机制、机器和数据联系起来。

在当时，工业安全虽然被谈得很多，但看上去还并不是真正的阻碍因素。

---

① https：//www. zdnet. com/article/ge - forms - ge - digital - aims - to - be - top - 10 - software - company/

② https：//www. zdnet. com/article/ge - immelt - on - software - strategy - why - not us/

丰富的 APP 开发者生态导致苹果手机绝对性的成功，这为工业互联网平台提供了一个最值得借鉴的做法。必须为平台找到众多丰富的工业应用，GE 决定启动全新的项目，来扶持各种应用程序的开发。6 月，GE 的“数字创新坊”在巴黎启动，这是全年 4 个类似项目的第一站，以便充分吸引开发者。此时，GE 号称有 1 万多的开发者已经签约入驻 Predix 平台，并且有 100 多个应用程序开始应用。随后一个月，GE“数字创新坊”登陆上海 GE 科技园，预计投资 1100 万美元。工业互联网生态系统的持续拓展基于 Predix 以及 Predix. io 两大基础。前者被 GE 习惯性地称为工业互联网的操作系统，而 Predix. io 则是支持第三方软件工程师在 Predix 上构建各种工业互联网应用。

GE 全面出击，为迎接 Predix 的全面建设做足了各种准备。根据 GE 2016 年度报告，Predix 运行情况如图 4－6 所示。

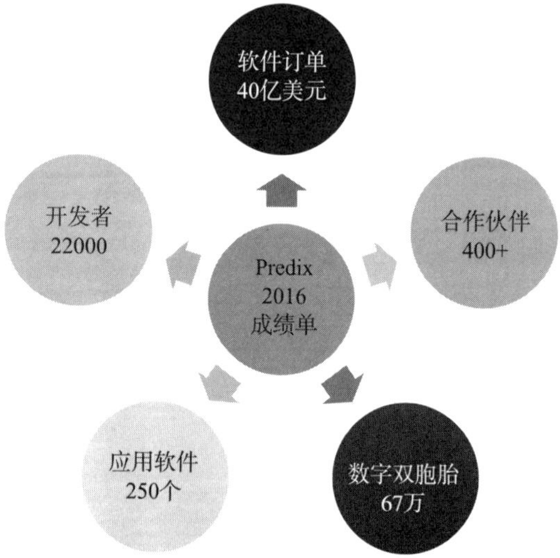

图 4－6　Predix 2016 年度成绩单

2017 年 3 月，GE 和中国电信联手实现工业云的战略合作。全球最大的工业制造商之一和中国三大运营商之一，联手打造工业生态圈，看上去在中国实现了制造业＋互联网的典型示范。

GE 不仅提供 Predix 云平台，还提供 Predix Box，即终端机。终端机负责采集智能设备的工况数据、实时分析数据和传送数据，还负责控制智能设备之间的连接与安全。因此，一旦采用 Predix 方案，整个数据采集、传送、接收、分析和控制全部掌握在 GE 的手中。数据存入是免费，但使用数据是收费的。

GE 数字化策略一直在颠簸的路途上探索，一路受到巨大的质疑。GE 的工业互联网平台也是反复在走弯路。最早是跟 AWS 等一起合作建设，而在 2015 年决定自己单打独斗，建立自己的数据中心和 Predix 云平台。但在 2017 年 10 月不得不放弃这个计划，重新回到亚马逊 AWS 平台上。

而在 2018 年 5 月，GE 更是跟微软 Azure 进行了深度的战略合作。GE 将使其 Predix 平台标准化，为开发人员提供了在微软 Azure 上开发和部署 IIoT 应用程序的工具。GE　Predix 平台将与微软 Azure 功能集成，例如 Azure IoT 和 Azure 数据和分析。在这些云平台上，Predix 所有的核心程序都可以运行。

2018 年 7 月底，美国《华尔街日报》传出 GE 准备出售工业数字资产，这里面最为熟悉的是互联网明星产品 Predix，也包括 MES 软件 Proficy、资产管理 APM 软件（如 ServiceMax 和 Meridium），从加拿大并购的数据安全软件。这些闪闪发亮的资产，曾经构成工业互联网的核心根基。

ServiceMax 在 2016 年 11 月被通用电气以 9.15 亿美元收购。该部门在 2017 年创造了 40 亿美元的收入，但 2018 年第二季度的新订单减少了 23％。

2018 年 12 月，GE 新成立独立运营的工业物联网公司，也终于可以选一个最适合的姿势，在工业互联网领域来发力了。

GE 在工业互联网上的投入很大，技术创新的成本很高。GE 投入了近上百亿资金，但收入只有 40 亿美元，而且很多都是以前的项目转过来计算进去的。除了这些投入的资金，还有大量的公司的资源投入，例如公司信誉、领导倾注的时间、精力等。这么大的投入，如果没有找到规模化的市场，将是一件风险巨大的尝试。在这个过程中，有两个问题是工业互联网平台需要思考的：

第一，它本身是一个制造业龙头，别的类似厂家很难运用。风电设备、医疗设备等，别的厂家都不会来用。

第二，它没有面向中小企业的。美国的企业信息化水平本来就很好，现在提供这样的一个它，其功能不足以使它进行颠覆性的创新。

这就导致GE虽然技术水平高，也有很多原始创新，但相对投入而言，其产出严重不足，市场前景也不容乐观。

GE的Predix曾经给工业界无数的温暖。它像黑暗中突然划空而出的照明弹，激发了很多人的憧憬。工业互联网突然成为一个炙手可热的市场，工业界很久没有这么热闹过了。即使是些泡沫，那也是有营养的泡沫。而新成立的物联网公司，将推出的产品包括Predix、资产绩效管理、制造执行系统MES、运营绩效管理以及GE电力数字和电网软件。不妨说，这个新公司将有着天生的数字化基因。

案例分析：从现场服务管理看Predix之路

现场服务管理FSM（Field Service Management），是一个新兴的市场。据美国MRC咨询公司估计，这是一个20亿美元的市场，而到了2022年将达到44.5亿美元。复合年增长率为16.5%。由于涉及外勤、备件储备、移动、现场服务等特点，它被认为是工业互联网的一个典型市场。

为此，GE Digital于2017年1月以9亿美元的代价，收购了美国的ServiceMax公司①。通用电气认为这个行业的规模要大得多。

---

① https：//www.gartner.com/doc/reprints?id=1-4FI0SKZ&ct=170927&st=sb&mkt_tok=eyJpIjoiWW1VNFpHVTJZMkV5WTJKaSIsInQiOiIrR3BaWjNQcGwwaURxNTFkekk4a0FRbGF2MDZvY1Z3dlZtaEhlSWYyK1RZc2FrQTlXK3h6bFwva2xJXC9TY25kSDhDYTZreGtTSFNmWXZUZVhnSFF5OEFiZ1dXNk5xS0FGNkJcL2tCaHhyS3d1bmZ3M1VTd2M3TDFsWjFnY3A1dnB3MiJ9

GE Digital 的 ServiceMax 估计，GFSM 是一个价值 250 亿美元的行业，“为全球数十个行业安装、维护和修理机器的 2000 万人创造了解决方案”。

凭借其创新、可配置的工作流、平台和移动的可扩展性、产品宽度和活跃用户基础等方面的卓越表现，ServiceMax 被美国咨询公司 Garnter 评为现场服务管理 FSM 的第一名，成为这个行业的领头羊，居于 FSM 魔力象限的头把交椅。

ServiceMax 已经将其 FSM 产品的营销策略转移到大型企业，基本特点是以设备为中心的复杂场景，以及每家企业都有成百上千的使用者。它已经大大增加了其活跃的客户群，有 27 万至 30 万这样的用户（2016 年同期为 14 万至 18 万用户）。

ServiceMax 的强项在于它的产品宽度，2007 年在 Salesforce 应用程序云上创建，拥有广泛而成熟的功能和领域专长。

而加入 GE Digital 之后，通过增加长周期服务和技术支持，加强了基本的排产优化，并为设备维护计划、定价和覆盖范围提供了多层次的支持。

ServiceMax 已经展示了对其跨平台移动应用的持续承诺，并且借助于合作伙伴 PTC 和 GE Predix 等平台的支持，加强了对物联网应用的拓展。

可扩展性是它另外一大优点。ServiceMax 继承了 Salesforce 的许多核心功能，如知识库、对象扩展性、聊天和案例管理。此外，它还拥有自己的混合移动平台、移动同步和工作流引擎，使客户能够构建额外的字段、屏幕、逻辑和数据集成。还有数据驱动的屏幕配置，从而可以根据工作顺序的类型向用户提供不同的屏幕布局。

自从被 GE Dgital 收购以后，在 2017 年里，由于转向大客户的缘故，ServiceMax 的平均订单的合同价值增长了 10 多倍，而且继续扩大自己在其大企业客户中的影响力。50％以上的新增订单都受益于合作伙伴的支持，加上 ServiceMax 继续出版博客、视频、最佳实践、实施指南和电子书，引导客户更好地完成现场服务，它已经成为行业的意见领袖。

由于 ServiceMax 过于聚焦在通用电气擅长的领域，如石油、天然气、能源和运输，以及工业制造、医疗设备、建筑和其他高科技行业，它不得不放弃很多机会，丢掉那些订单数目多、排产波动大的行业（如电信和家庭医疗）。

虽然 ServiceMax 提供了一些与 iPaaS 产品的连接性，但在很大程度上依赖于它的系统集成商，来实现集成 ERP 系统和 GIS 系统。许多竞争对手都为实施伙伴，提供整体打包的实施模板。而从技术能力来看，也要依靠 Salesforce 和许多其他产品合作伙伴提供创新，使用诸如人工智能，通过增强现实和远程信息技术来实现远程支持。而这些，要放在 GE Digital 部门之下，都有很多难以合作的不便之处。

甲骨文在 2014 年 7 月以 5.5 亿美元收购了市场上的一家 TOA 软件公司。TOA 筹集了 1.2 亿美元，拥有 500 名员工，并管理了“1.2 亿项事件”——这个市场以巨量的事件响应而为显著特征。

2015 年 7 月，微软斥资 3900 万美元收购了 FieldOne 系统公司，该公司提供了“面向远程员工的应用程序和云服务，包括自动调度、工作订单、库存合同和协作”。

2018 年 6 月，SAP 收购了 CoresSystems 鹤鸣公司，其“群服务平台利用人工智能帮助制造业、能源、高科技和电信业的组织，实时调度找到现场服务技术人员”。有意思的是，这家公司在 2006 年就进入中国市场，一直负责整合 SAP ERP 产品、FSM 售后服务管理软件及全渠道 O2O 平台的市场。

而在这个行业中比较激进的独立玩家，仍然在细分领域非常活跃，包括以色列的 PetachTikva 和美国的 Click Software Technologies。后者是一名以色列教授创建的，并在 2015 年 7 月被 Francisco Partners 以 4.38 亿美元的现金收购。虽然只有 700 人，但客户群并不小，除了 400 个企业级客户，还有近 1000 个中小企业客户。它的软件每天安排近 100 万名现场服务专业人员。这些都将对

ServiceMax 进行有力的阻击。

许多客户很早就对 ServiceMax 作为通用电气的运营部门，能否保持独立性表示怀疑，也对它能否对将现场服务管理 FSM 作为一个整体市场来考虑表示怀疑。撇开与行业的相关性，做更加独立的现场服务商，或许是 ServiceMax 最好的选择。反过来也可以说，抛弃做平台，做新 GE 的核心资产（发动机、电力和可再生能源）的服务，也是 Predix 最好的选择。

2018 年 12 月，GE 宣布决定出售 GE Digital 旗下的 ServiceMax 公司。这同样涉及到 GE 的定位问题，ServiceMax 对 GE 来说太小，但它细分的领域又很大。在这个细分领域，它遭受到了巨大的阻击。这个基于现场的移动后服务市场，充满了拥挤的物联网的亢奋者。

GE 最终做出了选择，在 ServiceMax 被出售给银湖（Silver Lake）基金后，GE 只保留 10%的股权。

第七节　制造业与互联网的融合

在美国，互联网与制造业也是两张皮，压根不搭界。如何让商业自发地推动两者的结合，也是美国式创新所面临的困境。Facebook 和 GE 是很难合作的，因为 Facebook 挣钱很容易，制造业的利润对它来讲并没有太大的意义。

而在中国则不同。互联网跟实体经济进行融合的意愿，一直比较强烈。中国互联网和制造企业的合作，比美国企业之间，意愿要强烈得多，例如很多央企跟阿里巴巴都有合资公司。

这是中国有特色的地方。

美国的工业互联网是一种纯粹的市场举动，一种商业化的自然选择。但在中国，工业互联网其实是带着使命。这与中国的举国体制有关。而实际上，举国体制也在变化。现在有一个新的体现方式，不是以行政命令，而是通过政府牵引，一起创造一个规模化的市场。

这个规模化的市场，任何企业都没有能力去覆盖这样的市场。

推广成本太高，阿里、用友等都没有这个能力。这必须靠政府来规模化地推动，就跟光伏、新能源汽车一样。光伏尽管作为产能过剩的一个行业而备受争议，但作为产业发展，它还是很有效的。常州的天合光伏，就已经成为世界上领先的光伏公司。

只要是一个规模化、战略性的市场，就有机会赶超。尽管有一些无法掌握的技术，但只要占住产业市场，就可以有动力慢慢补齐一些技术的短板。光伏市场、锂电池的市场，都说明尽管一开始核心技术短缺，但只要有合适的市场补贴，能够降低市场推广的成本，经过五年到十年的时间，也许就有世界级的企业能出现。

当然，不是以行政命令去运行，现在是市场牵引、产业主导的举国系统。整个都是市场运作，但需要国家政策引导。

第八节　走中国特色的工业互联网发展之路

无论德国、日本和美国，物联网在工业的应用都在快速地发展。德国工业 4.0 一开始就积极跟工业互联网进行对标，重量级的公司，如西门子、博世等都推出了自己的工业互联网方案。相比在数字工厂的高调而言，西门子在这个领域的推进，谨慎而徐缓。而在日本，几乎所有的重要制造业，都在利用物联网技术对日本企业家最钟爱的车间现场，进行各种机器效率的挖潜。然而几乎没有一家跳出来声称自己是平台：日本在工业互联网平台上几乎是集体失声。美国的所有高调似乎都集中在 GE 一家身上，其他都是跟随者。

中国航天科工集团有限公司董事长高红卫提出，走中国特色工业互联网道路必须根据本国国情和时代潮流大趋势作出科学判断，走出一条与发达国家殊途同归的发展之路。他认为，新一轮的生产方式变革与企业制度变革，有三条道路可供选择。

第一种，以完善的 CPS（信息物理系统）为基础，从设备的智能化开始，逐步向上延伸到生产线智能化、车间智能化、工厂智能化，最终通过打造智能制造平台向工业 4.0 的目标前进，可以称之为德国模式。

第二种，在基本实现智能制造的垂直配套体系之中，以线下全球协同制造分工布局为基础，打造全球化线上协同制造与协同售后服务平台，继续保持全球制造业垂直分工体系的主导地位，可以称之为美国模式。

第三种，在绝大部分企业不具备智能制造能力，企业的运营流程尚未完成信息化改造，且短时间内不可能完成智能化改造和信息化改造的前提下，从云制造生产方式变革入手，在渐进开展制造能力智能化改造和企业运营流程信息化改造过程中，同步开展企业制度的调整与变革。这种模式发展的实际效果将是“自上而下逐步深化”，最终实现从云制造到协同制造、从协同制造到智能制造的逆袭。

航天云网选择的就是第三种发展路径。即首先搭建工业领域公共云平台，从打造云制造产业集群生态起步，先把分散在全国各个角落市场主体的资源配置与业务流程优化工作放在中心地位，配合中国制造业的群体转型，重点服务中小微企业生产方式转变，以及企业组织结构和企业制度变革的需求，从云端企业“省钱、赚钱、生钱”三个层次逐步递进，着力打造云制造产业集群生态。见图 4－7。

数据显示，到 2018 年 6 月，航天云网云端注册用户近 170 万，分布于全球 179 个国家和地区，发布协作与采购需求近 15 万条，金额 4200 余亿元人民币，有近 90 万台设备介入航天云平台、近 20 万台设备在线、140 万个数据采集点。

值得注意的是，近 170 万注册用户的总经营规模约 11 万亿元，企业平均经营规模约 630 万元。注册用户 85％以上属于小微企业。以典型业务规模 2.25 万元/单考虑，意味着小型企业每年云端配套协作成交 360 笔以上，就可以发展壮大。另外，如果企业利用云端协作方式增加业务量，将设备开工率从 50％左右提升到 85％左右，

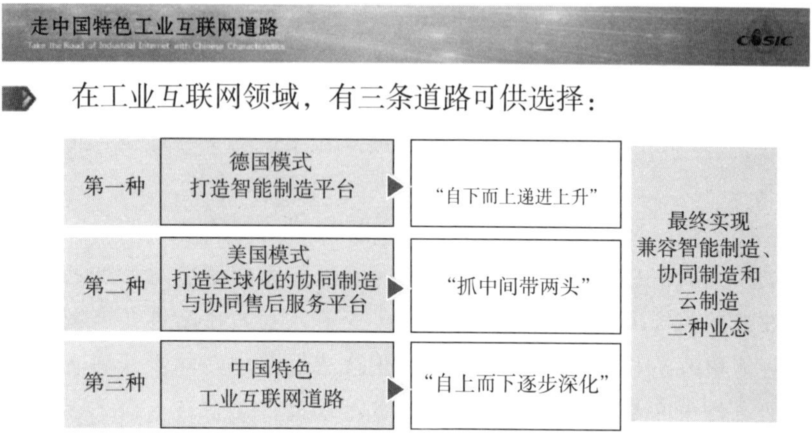

图 4－7　工业互联网领域有三条可供选择的道路

无需增加投资，就可以为云端企业增加 30％左右收入[①]。

航天云网初步验证了具有中国特色、“自上而下逐步深化”工业互联网发展路径的现实合理性。

工业互联网是产业发展的一个巨大机遇，因为它的技术发展到现在，已经变成了一个工业运营的场所。它可以往上延伸去推动基础领域的发展。正如电信运营商的产业主导权掌握在手中，就会为华为提供规模化应用和技术创新的机会。

工业运营商的存在，使得大部分工业用户都成为集中的客户。掌握了这种基于数据的运营权，就可以在功能模块上，逐渐去覆盖其他系列的工业软件，不断从运营体系去延伸。类似阿里的发展，一开始就是运营淘宝网，后来进行数据挖掘，再后来就是基于数据分析和金融的服务，各种技术也跟着一块一块地补齐，最后也杀进云计算、人工智能等领域。显然，对于单个的软件，就有可以慢慢寻找突破的机会。

工业互联网走的路，其实是在走“互联网运营”的道路，是一

① http：//www. casicloud. com/news/111629. html

个面向用户的规模市场。这是中国特色的工业互联网，将要展开一条不同于美国的实践之旅。

中国的工业互联网产业不同于美国的工业互联网，也不同于德国的工业 4.0。主要原因有三点①：

一是产业环境和起点不同。产业环境和起点的不同，造成了中国工业互联网的目标和使命不同。中国的工业互联网面临着“大企业集成创新”和“中小企业应用普及”的双重任务，其实质是解决长期在关键应用领域软件产业孱弱和核心技术缺失的顽疾。美国企业包括很多制造业企业的信息化程度普遍非常高；而中国很多中小制造业企业几乎没有什么信息化。当前，云化的低成本、易维护、易管理的工业互联网解决方案将帮助广大的中小企业走出一条新路。中国的大型企业，信息化程度比较高，但是很多关键领域的信息化产品和方案都是国际领先软件厂商的，缺乏自主创新能力；而面临着新一轮新兴的产业数字化转型机遇，加上日益严峻的中美之间的科技竞争，基于新兴的云计算、大数据、人工智能技术，为技术积累薄弱、能力弱小的中国软件企业和工业互联网企业提供了在大企业中替代传统国外信息化厂商产品，从而壮大自己和发展自主核心信息化技术的难得的历史机遇。

二是社会的认识和协同不同。当前，中国在国家战略层面推动工业互联网，政府大力推动制造业和互联网信息技术产业融合与合作，产业界存在一致的合作和生态建设的认知基础。在美国，工业互联网更多的是企业自身的商业行为，互联网和制造业是两个分离的行业，完全的商业行为致使不同产业之间融合意愿和动力不足，很难形成合力。而德国的互联网产业没有形成世界竞争力。

三是国家重视程度和资源投入不同。这是源于战略定位的不同。中国核心软件的困难，不仅仅是核心技术和原始创新的问题，还有

① http：//www. cnii. com. cn/internetnews/2018 - 12/18/content _ 2126838. htm? from＝groupmessage&isappinstalled＝0

市场竞争环境恶劣、市场碎片化和规模化市场缺失的问题，无法培育规模化的软件企业，也无法产生自主创新核心技术。如何降低市场壁垒，迅速帮助形成规模化市场，是中国企业软件或者叫 ToB 软件领域多年存在的顽疾。培育规模化的工业互联网市场，是当前中国和美国的工业互联网产业共同面临的问题，而中国工业互联网还承担着企业软件领域赶超的使命。工业互联网的发展，首先还是工业的互联。工业企业千差万别，协议和标准不统一，推广成本高昂，商业价值不明显，前期市场的建立不能光靠企业的市场化行为。中国通过国家政策的牵引，地方政府有针对性地规模化推动，为企业互联创造条件。工业互联网一旦形成一个规模化的市场，通过市场竞争，培育龙头企业掌握行业的主导权，经过一定的时间，能有世界级的企业出现。

第九节　数字进程的三化阶段

工业利用 IT 技术，进行数字进程的推进，笔者将其总结为三个阶段：内化、外化和外挂。见图 4－8。

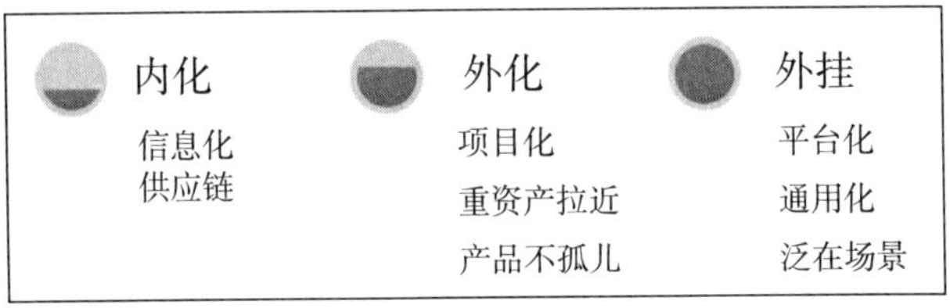

图 4－8　数字进程的三化阶段

最早上路的是企业信息化。内化是企业内部业务连通的需求，用 IT 连接业务。这是企业发自内在的需求。世界上第一个财务系统的出现，正是由美国通用电气公司自行开发的。在内化的过程中，不同的系统，被广泛应用在企业的各个部门。这期间也产生了大量的孤岛。

外化是一个价值链向用户端扩展的过程。它可以看做是制造业走向服务化的一种。这个过程对企业的软件开发能力和对下游用户的运行机制，需要很强的把控。最早创立了这种模式是英国的罗罗发动机。在 20 世纪 90 年代末期，这个秘密武器开始发威，在发动机领域呈现了巨大的价值。这种“外化策略”，后来也被中国制造业纷纷采用，例如从宝钢信息化部门出来的宝信、一汽集团出来的启明星等，既服务自身企业，同时也在做各种项目创收。Predix 提供的解决方案，都是“外化”服务的软件组合。如果不是将目标定位于服务整个行业，而是精准服务于它的上下游，那将就是一个量身定制、合乎其需求的解放方案。Predix 也将会是另一番光明的天地。

而外挂则是对整个行业的数字化进程，进行通用性赋能。它与基于价值链拓展的外化，呈现出完全不同的特征。鲜明的行业差异、企业变化多端的流程，对平台而言，都是巨大的鸿沟。最重要的是，它的商业逻辑发生嬗变。一个传统的制造业，需要作为一个运营商的全能角色出现。许多野心勃勃的企业家，忽略了这个彻头彻尾的变化。许多国内外拥有卓越制造的公司，是否真的支撑它能走向一个运营型的公司？同样的拷问，留给了那些在长清单上的优秀制造业：海尔、美的、徐工、中联重科等。每一个致力于全新角色的公司，都需要问一下这样的问题：组织变革是否已经就绪，来应对一门全新的商业模式？外化和外挂，两者不能混同为一件事来做。

日本人在外化，花了大量的功夫，但却迟迟不肯拿出来进行“外挂”。小松工程机械在 1990 年就开始开发基于 GPS 的远程监控可视化系统康查士，2004 年连接设备达到 20 万台。时任小松总裁坂根正弘在日后回忆录中提到，使得小松能够在 2004 年，就从机器运转本身洞察到了中国实施紧缩型调控、工程机械即将下滑的趋势。这两年在中国声名鹊起的“挖掘机指数”，被当做工业互联网平台的神奇魔力。其实，这不过是对复古的一次致敬。日立建机的 Global-eService 作为机器连接和云计算的典范，早就有着很广泛的应用。

IoT 不过是新增且更加合手工具而已。其他包括 NEC、东芝的 IoT 解决方案，都在制造业中积极探索应用。但作为稳重的工业老司机，日本人绝不会用 PPT 来做生意，也很少有人会提“为行业赋能”这件事。

升级有风险，赋能需谨慎。对工业互联网平台寄予厚望的中国制造，尚需冷静分析，走出有中国特色的工业互联网之路。

第五章　中国制造转型升级的问题拦路虎

第一节　企业转型升级的基本情况

在 2018 年对常州市 105 家企业进行实地访谈、问卷调研的基础上，笔者对制造业企业的实践，进行归纳总结，并采用实例进行说明。

企业当前在生产和运营中遇到的最大挑战和痛点，在于劳动力成本增加、劳动力工资不断提高。传统制造业中劳动密集型企业仍然大量存在，劳动力成本在企业总成本中占比大，对企业利润影响大。见图 5－1。

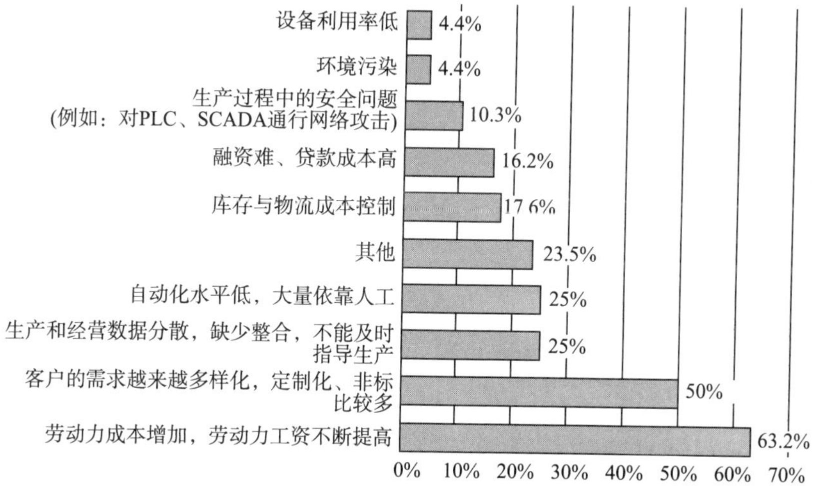

图 5－1　企业当前在生产及运营中遇到的最大挑战及痛点

客户的需求越来越多样化，定制化、非标比较多，也是很多企业面临的挑战。

常州地区中小企业的比例超过90%，二手设备、老旧设备比较普遍，设备状况普遍不好。而设备的可用性、精度等直接影响产品加工的质量和效率，设备问题导致的返工会进一步提高产品成本，而且设备是很多中小企业最核心的资产，是企业赖以生存最重要的生命线。由于缺乏必要的手段，常州地区企业生产管理的瓶颈进一步突显，尤其体现在：管理层看不见实时的产线和设备状态、由于信息化系统造成的数据“烟囱”导致看不清问题产生的原因、由于缺乏数据支撑使得管不好整个的生产运营状态。

企业内部生产效率不高，保养维修也是瓶颈。企业普遍订单小，很多都是小批量和多品种。有的设备做不过来，有的机器设备闲置，由于信息不对称，形成了一个地区上的整体制造能力的浪费。

无论是大中型企业还是中小企业，自动化程度不够、自动化水平低，大量依靠人工，以及生产和经营数据分散，缺少整合，不能及时指导生产，这些都是企业的痛点所在。自动化程度不够，受到传统生产模式的制约，生产效率不高，生产周期长，设备利用率差，产品良品率低。设备健康状态监控及其及时保养，关系到企业的生命线。可见，制造业提质增效的潜力亟待释放。

工业互联网平台的搭建可以快速解决和缓解本地企业尤其是龙头企业在设备联网、打通数据孤岛、集约化运营管控等方面的需求，快速解决企业痛点。见图5-2。

调研显示，企业已采用物联网技术相关的应用中，最多的是安全和安防监控。在此基础上，企业未来1～2年计划采用物联网技术的相关应用是生产设备和生产过程管理，以及产品质量追溯。见图5-3、图5-4。

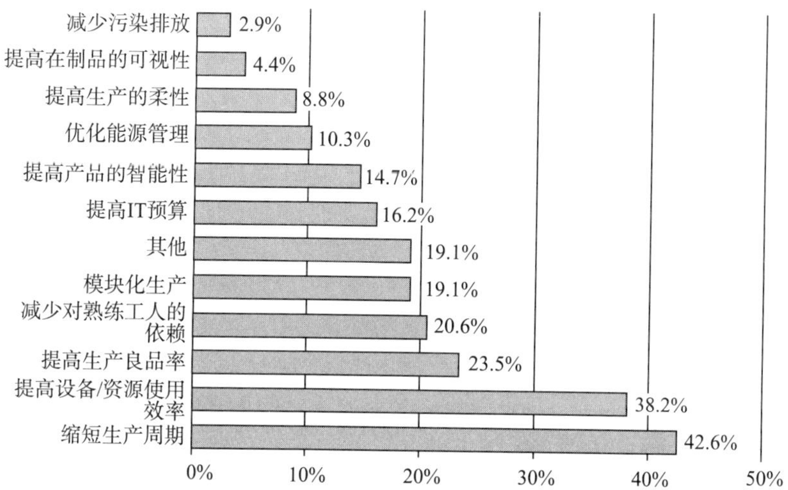

图 5－2　未来 1～2 年，企业生产运营改善的重点

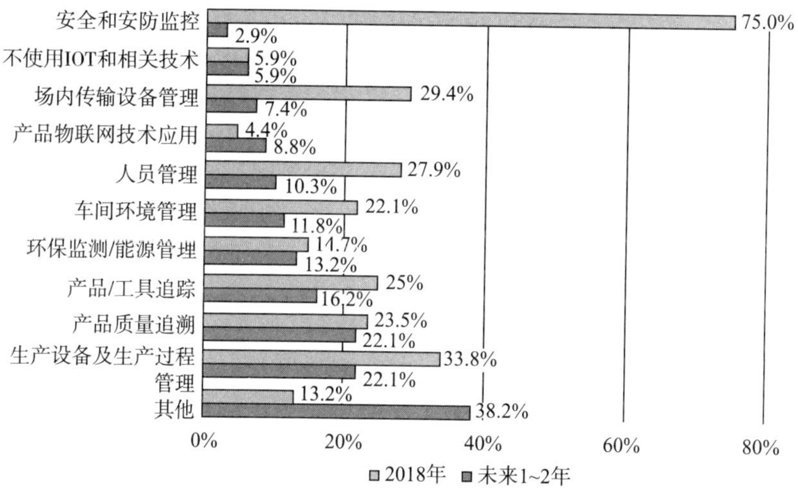

图 5－3　企业已采用和未来 1～2 年计划采用物联网技术的相关应用

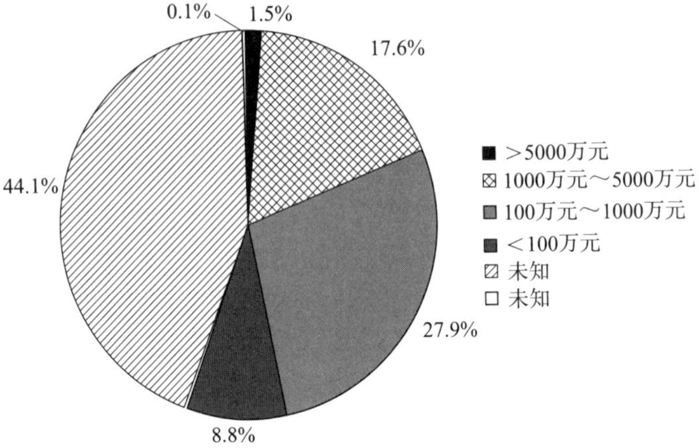

图 5-4　未来 1～2 年自动化生产设备的计划投资额（万元）

第二节　基础的质量和人员素质仍然是重点

实例 1：迫切需要产品质量追溯系统

常州市某企业，现有在职员工 450 人左右，其中工程技术人员 45 人左右，是一家专业从事车用永磁直流有刷/无刷电机及控制系统生产和研发的生产企业，主要产品包括摩托车启动电机、汽车电子水泵等。公司现有设备数百台，但自动化和网络化的系统还处于非常初期的阶段，使用率不是很高。

企业当下非常迫切地需要产品质量追溯系统，这样该企业生产的电子水泵可以做到每个环节、每个工艺的质量记录，包括当时的生产负责人、工艺参数、检测记录等。如果产品出现问题，可以找到相对应的生产信息进行溯源。另外，如何通过对大量已经存储的数据进行分析，从而对生产过程进行优化，提高产品质量精度，也是企业的难点所在。

实例 2：传统模式生产的产品废品率较高，迫切期望提高产品品质

常州某金属制品有限公司，产品主要以铁锤为主，涉及各种锤头、园艺工具等，全部外销到美国、加拿大、欧洲等地的知名企业。该企业员工约 95 人，但信息化专职人员 1 人。调研中，企业负责人指出，当前工厂的产品废品率较高，迫切期望提高产品品质。

从业务需求而言，需要加强产线生产管理，对产线实时监控、实时处理，从而对品质进行管控。小型化的 MES，是当前的一个期待性方案。

实例 3：增加设备可视化，可以通过手机终端了解设备实时状态

常州某工业机器人有限公司于 2015 年成立，从事焊接机器人系统集成，自动化焊接设备及焊接夹具的研发设计与生产，主要应用于汽车零部件、摩托车、自行车、健身器材等行业。2017 年 9 月，在天宁区项目总投资超过 1 亿元①。

作为一家新成立不久的企业，该企业的客户希望可以实现设备可视，通过手机端可视化了解设备实时状态。该企业希望在产品上加载数据采集器进行数据收集，在可视化的基础上，希望通过手机端可以控制设备开、关机，有（因电流、电压、转速等因素引起的故障）预警及提示，如短信、铃声、振动等提示。

实例 4：设备故障多、利用率不足，设备管理不完善，且难以质检和计件

常州市某砂轮制造公司，是一家专业生产、销售树脂砂轮的民营企业。这家企业的问题，应该是非常有代表性的。一是设备管理不完善。对设备的生产状态、运行时长、报警信息和次数没有系统

① http://www.changzhou.gov.cn/ns_news/261150675664033，江苏省常州市人民政府网。

的统计，经常发生维护不及时导致设备故障，影响生产进度的情况。二是产品计件需求大。产品生产速度快，人工计件难度大，需要依靠数据采集达到计件功能。三是设备利用率不足。企业不缺订单，但在生产过程中会出现设备长时间闲置，订单生产周期长，生产效率有待提高。四是检验工序效率低。检验员手写检验表，检验工作量较大时会出现书写不清，记录出错，漏查漏记的问题，影响生产质量。

实例 5：员工知识更新慢

某轧辊公司，生产各类型钢轧辊、板带轧辊、棒线轧辊和大型铸件等，固定资产设备多。在企业信息化方面，ERP 用金蝶，K3 模块；财务、仓库分离；ERP 软件与智能车间也是分开的。其加工特点是：小批量、多品种。编码已经完成，进入信息系统。每做一个产品之前，可以用条码枪扫描，从而知道每个产品的加工状态。现在还只是把型号、设备信息收集上来，但设备的技术、参数还没有收集上来，产品加工精度也没有。各种数据要想打通，路还很长。

另外，该企业本地员工多，90％员工是当地人，乡镇家庭观念比较重。员工更新知识的速度很慢，这也是导致设备经常停机、利用效率不足的一个重要原因：技术工人不足，接受新东西慢；熟练技工人手不够，加工效率低；技能大师只需要干 1 天，普通工人需要干 3 天；虽然学习过精益管理的一些知识，但由于工人往往具有 30～40 年工龄，很难进行转变，只能在企业订单不足的时候，抓一下精益管理。

第三节　库存与物流成本控制

实例 1：液体产品的库存、发货不精确，数据利用率低

江苏某化工公司是一家以生产氯碱产品为主的综合性化工企业，

总资产13亿元左右，职工总数900人左右[①]。该企业信息化专职人员8人左右，近三年信息化投入约1300万元，在促进企业由氯碱基础化工逐步向精细化工转型过程中，有以下痛点和需要解决的问题：一是液体产品的库存、发货方式还比较传统，存在发货不精确的问题。期望通过信息化提高精确度，减少人员投入。二是目前的设备只停留在数据收集（主要是数据录入方式），没有针对数据进行利用。三是希望机房整体升级，建造企业的私有云。四是缺少销售管理系统，如客户关系管理CRM。五是期望做系统整合，并且最好由一家公司能够完成其所有主要需求。

实例2：需要订单自动化，解决库存问题

某展览公司是国内从事展览器材开发、研制和生产的专业化公司[②]。该公司立足于展览系统行业，覆盖十二大系统、3000多种产品。这是一个以服务为核心竞争的制造服务业。研发设计有约30人，重点在于工业设计和应用设计（前端的产品设计、展馆的应用，以及安装服务）。

在企业园区约900人中，生产人员与非生产人员的比例差不多是1∶1。在生产方面，主要涉及切割、焊接、冲压、雕刻机等设备。该公司手工制造环节比较多，女工比较多，旺季压力非常大，正在逐步将生产线推向智能化生产，如使用焊接机器人来提高产量、提高效率。从环保角度而言，重点是对人身安全的保障。在自动化搬运方面，目前也在做预研。

企业碰到的最大问题并不在于制造，因为每个产品有3～5道工序，制造成本不是很高。问题在物流成本很高。一个托盘装一种材料，原材料有1000多种；产品种类多，一个单子就是一个产品；组合、个性化强。该企业从2004年引入ERP，实现OA办公自动化，

① http：//www.cz-chem.com/about_cn.html

② http：//ling-tong.com/stations/53db53e70a/index.php/53df312d0a

并且在2016年新厂投巨资建立一个巨大的自动化立体仓库。

建成之后，立体仓库里面特别拥挤，充满了各种原材料。该企业每个月大约有400个左右的订单，一年大约有5000个订单，几乎每个订单都是非常个性化的。这意味着，需要有很好的订单分析工具，将订单的拆分，与季节的变化结合起来，实现订单自动化拆解，并能迅速传递到供应链部门。这中间需要一套完整的订单分析和大数据分析的工具。如果缺少这样一个环节，那么自动化立体仓库的建设，就变成了一个静态的立体仓库。巨大的硬件投资就变得价值非常低。

实例3：库存高、供应商信息化水平需要同步提高

常州某公司产品涵盖园林工具、空压机等多类不同的产品。为了充分发挥机器产能，整个工厂的自动化的水平比较高，从2016年开始启动自动化改造，先后投入了2.5亿元左右，积极推进数字车间的建设。在这个过程中，企业充分利用订单周期性的特点。厂房的改造，一般是采用淡季改造。同时，对产线进行分类，分头改造，并线进行：一个产线做自动化改造，另外一个保持原来的生产方式。中间设置过渡产线，有效地进行产能切换，从而将对生产的影响，降低到最小。

尽管如此，部分生产车间生产过程仍然存在不可控、不可视的“盲区”，需要通过深入生产过程管理和优化项目改善，加大物联网的使用，通过更多的数据分析和监控，有效提升生产效率。

由于客户需求以及物流系统的不确定性，产生了大量库存，主要有两大原因：一是为了缩短生产周期，先期需长时间准备物料，备料较多，造成库存问题；二是园林工具属于季节性的产品，会提前进行成品备货。

针对这种情况，通过大数据分析和供应链优化解决库存问题。下一步需要做全面的信息分析与流程梳理。这其中包括供货及时率、质量控制等影响因素，也包括生产计划、预测与供应商信息

共享实时性的问题。目前，跟供应商的对接，需要往“订单驱动”的方向进行转化。通常都是通过简单的供应商系统对接，来转化为生产计划、物料计划，这种方式订单变动大，及时性会有问题。更重要的是，它与上游供应商的信息化水平也关联在一起。如何推动信息化水平参差不齐的供应商一起发展信息化水平，也是一个行业的普遍难题。同时，未来需要参考行业动向的大数据分析，并分析历史趋势，来改善预测产量和备货的精准度，从而减少库存。

第四节　客户的需求越来越多样化，定制化、非标产品比较多

虽然很多企业的自动化工厂规模越来越大，但很多设备并没有被充分利用，自动化设备和产线也缺乏面向未来个性化或小批量生产的柔性。作为生产环节中最重要的要素——人，也缺乏足够的精确指导，导致整个生产效率提升存在瓶颈，这个问题在人口流动和老龄化的大背景下显得更加突出。工业互联网平台将帮助企业盘活现有资产，提高设备利用效率，并利用大数据分析帮助企业优化整个价值链，从而改善企业的管理水平。见图 5－5。

实例 1：小批量、多品种、客户要求多样化，产线柔性化要求高

常州市某液压润滑设备公司是原国家机械工业部液压润滑设备专业生产企业，智能工厂是常州市最早的五家示范企业之一。

该企业的生产特点是品种数量比较多，少批量、多品种。目前一般采用项目制，针对每个客户的每个合同提供产品。该企业每年生产设备上千台，每台设备都有备件。对同一个设备，物料清单表有几百种，这就涉及到物料的进料方式问题，有早进早出的，有同进同出的，也有早进后出的，而且合同周期一般都是半年，每半年往往调整一次产线。

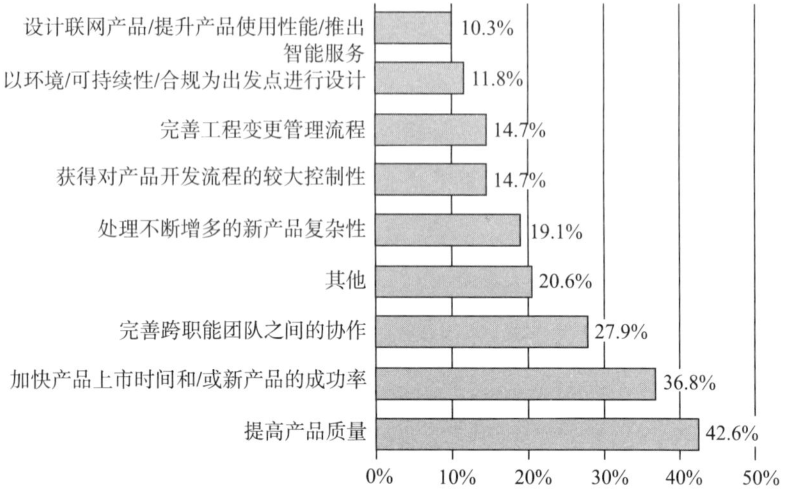

图 5－5　未来 1～2 年企业产品全生命周期管理的重点任务

这意味着车间产线的柔性要非常高，因此目前还是以半自动化和人工相结合的生产方式。一般以单独工位为主，而不是大规模产线。

由于该工厂服务的企业主要是石化行业的大企业，也有对润滑要求很高的设备厂商，整体上对运行保障的关注很高，除非设备检修，否则不能停工。因此，企业也关注对产品运行数据的收集，进行远程数据发送和软件开发，目前产品保质期通常是一年，因此通过质量回访、客户呼叫中心等时刻关注设备的运行状况。从实际需求出发，对通过物联网 IoT 进行远程的数据收集和设备诊断，具有非常迫切的需求。

实例 2：技术领先，拥有专利多，但产能做不上去

常州某材料公司，致力于高分子发泡材料的研究、开发、生产和销售，其所生产的高分子材料加工品主要为国内外知名家电、通信、IT、汽车等厂商进行配套①。企业现在的目标是要从总公司到分公司、从上到下建立智能制造体系理念。

该公司有智能制造顶层设计的战略规划，但现有信息化工作难点是：因为涉及多个子公司，子公司对于总公司的战略并不能很好地进行同步，子公司更关注实际的生产绩效，而不是短期看不到效益的信息化建设。

现有企业发展痛点是：技术领先、拥有专利多，但是产能做不上去，周期长，市场天花板比较低，市场拓展乏力。产品缺乏核心竞争力，需要通过智能制造实现产品增值服务，企业服务化转型。产品属于多品种、小批量，很难成规模。有一个子公司企业为手机配套胶带，由于客户不是批量订购，所以供应链的供给就是比较头疼的问题。

实例 3：更换定制化 ERP 系统，有个性化需求

江苏某动力公司的产品，覆盖柴油机零部件制造、农用机械轮毂、换热器翅片管、钎焊焊材、热管余热回收和模温机等领域。公司共有员工 200 余人，工程技术人员约占 30%。近年来，为加快“低效无效”的车间处置，在推进机械产业板块整合重组，企业当前最迫切的需求就是更换定制化 ERP 系统，尤其是对 ERP 系统包括的财务模块、成本模块、车间模块。要应对多样化、小批量的产品，需要有非常个性化的信息化软件模块。

第五节　工艺流程需改进，关键工序数控化率低

在调查中可以发现，关键工序数控化率能超过 50%的，只有不到 30%的企业。这意味着数字化的进程，还需要很长的普及。见图 5-6。

① http：//www.tschina.com/company

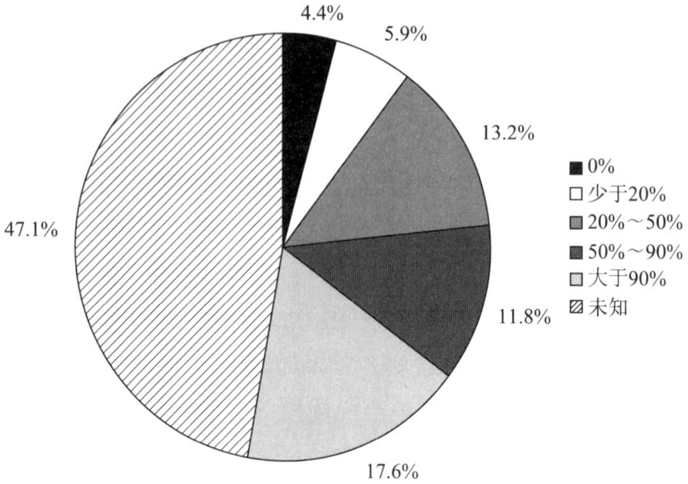

图 5－6　关键工序数控化率

实例 1：人员监控设备不可控，工艺待升级

常州某模具有限公司，有三四十台设备，主要以研发工艺为主，开发非标模具。在其工厂中，没有 MES 系统，也没有可视化系统，设备都要靠工人现场监控，一旦现场操作员发现声音不对，就会立刻进行调整。如果碰到非熟练工人，或者略有放松的时候，就可能产生刀具崩裂，这就会产生大量的次品，并且增加刀具损耗。如果能够通过检测主轴受力的分析，来提前预警避免撞刀，价值就非常大。

实例 2：生产节拍是大问题，主要是工艺控制

常州某电缆公司，生产船用电缆、海洋工程电缆等及其他特种电缆[①]。在电缆行业，材料成本占 75%，因此主要问题就是材料的合理应用，以及如何避免浪费。

该企业的一个业务板块是制造电缆表面的橡胶或者塑料皮。胶

① http：//gb. cmcw. com. cn/about/i=2&comContentId=2. html

料过程是先物理混合，然后产生高压高温后让化工原材料分子裂变，形成一种熟胶，这是生胶变熟胶的过程。这个过程需要配方科学、合理、环保，然后一次成型。当前需要发展工业互联网，依靠计算机来控制设备。另一个业务板块是电缆的制作，拉铜丝，以及材料叠加。

在生产过程中，一是要自动化，减少人工劳动力成本；二是要配方合理，产生一致性而不波动。目前还是依靠人工来进行配比。总的来说，是需要实现电缆制造设备的自动化、胶料生产的计算机管理/控制/编程，从而做到精益化生产系统，而且这些应用系统，能够与企业 ERP 系统进行对接。

企业有 IT 开发部，当前使用的管理系统软件，是公司自己开发的生产管理软件，包括经营化生产管理、财产系统、质量控制系统等。该公司除了对 MES 系统进行开发以外，还设置有数据分析部门。生产设备上的工艺数据、质量数据以及生产信息在导出后，是放在企业自己的服务器上。

企业需要收集电缆制造的信息化数据，然后进行技术分析、工艺分析、质量判断，以及完善生产记录的流程，这是自动化车间的一个重要工作。目前已经请了一些专家，进行智能车间的评估，在电气电缆行业，进行智能化改造。但前景并不太明朗，可供学习的模板并不多。

当前企业遇到的第一大问题是生产节拍问题。船用电缆行业，主要是工艺控制，要将人为波动的因素，控制到最小。行业生产效率一般都不是太高，也往往无法柔性生产。

线缆行业目前普遍存在的是生产节拍问题。无论是安灯系统（Andon 系统），还是生产管理系统，都试图解决这个问题。安灯系统指企业用分布于车间各处的灯光和声音报警系统，收集生产线上有关设备和质量等信息。期待生产效率和生产计划要能够达到 98% 甚至更高的匹配度。换言之，当任何一个生产节拍出现问题时（例如清料、某个员工生产出坏的产品、某个上道工序没有给下道工序等)，如何能够在信息化系统中及时地反映出来，能够掌握随时动态。

第二大问题是设备管理的效率。目前企业有各类先进的生产、检测设备 200 余台（套），包括代表国际先进水平的德国 TROESTER 三层共挤橡胶连续硫化生产线、SIKORA 双轴外径仪、加拿大 KALMARK 互锁铠装机、国内先进的计算机控制自动配输送橡胶混炼设备、35kV 屏蔽局放试验室和各类燃烧试验室等。尽管企业有 ERP、MES，但并没有自动物流线和 WMS，对于设备的使用效率和运维效率，以及信息化管理还有很大的提升空间。对预防性管理，还处于尝试阶段，效果并不明显。

目前企业高层领导对设备管理和预防性维护比较重视，请了专门的管理咨询机构进行授课，推广先进的设备运维方式。许多人对设备管理的预防性维护，还存在认识上的偏差，有事再处理的救火队思维，是一个长期存在的习惯。2017 年，企业从内部开始，通过传感器收集与工序相关的设备数据，还有大屏的整体监控。目前还只是做到能够显示设备的使用情况和发现设备存在的问题，对如何利用数据去进行系统化的管理，还需要进一步提高。

第六节　国外设备的数据接口不开放，IoT 功能单独收费

实例 1：日本数据缝纫设备，IoT 单独收费

在服装产业，用量最大的前三位设备之一是平缝机。日本兄弟品牌某型号的电子送布直驱自动切线平缝机，是可应对 IoT（物联网）的机种，它能够在有效地进行生产管理的同时，大幅提高生产力。将缝纫机与电脑相连，实现对工厂的可视化管理。对工程的分析、管理可以提高生产力，确保快速对应。使用 USB 可轻松完成缝

纫机间的数据复制和软件版本升级，安全地管理数据[①]。见图 5-7。

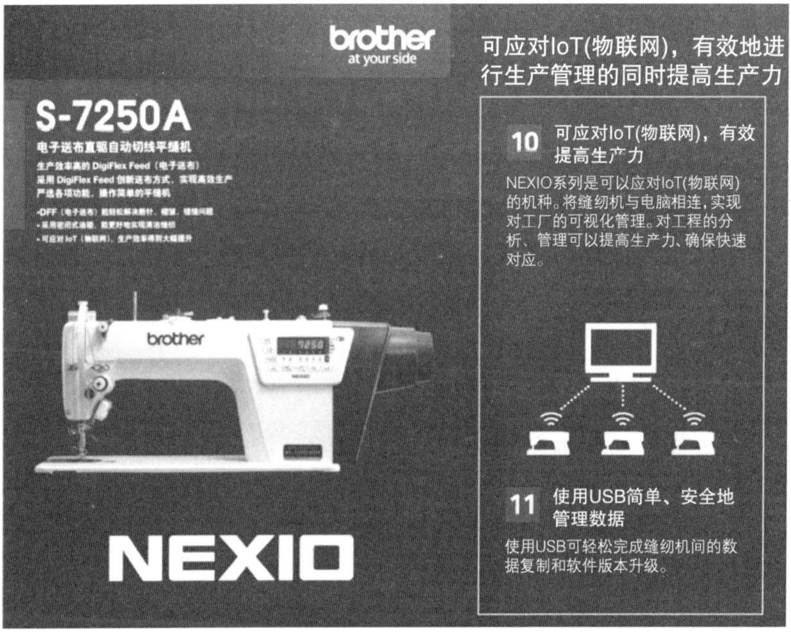

图 5-7　日本带 wifi 的工业缝纫机设备[②]

未来的缝纫设备，预计都是自带 IoT 功能。在日本兄弟公司的产品中，目前带 IoT 功能的产品只是选配，并不是标配，而且数据只能传输到兄弟公司的服务器上，但产品端口都是预留好的，日本兄弟缝纫机为每 20 台机器提供一个 wifi 组（选配），单独按组进行收费，会为企业用户生成完整的分析报告，包括运行状态、爬坡曲线图等。一个大型的服装企业，可能需要 1 万台缝纫机，也就是需要 500 个 wifi 组。这是一笔巨大的费用。

---

① http://www.brother.cn/cn/ism/pdf/S7250A_CD.pdf

② http://www.brother.cn/cn/ism/lineup/ism_lineup_lin.html

第七节 生产与管理，都对大数据分析有需求

实例1：需要做好成熟度管理、缺乏大数据分析

某机器人公司是国内早批研发和生产桁架机器人的专业公司，最大产品负载4000千克，拥有25项桁架机器人发明专利，并牵头起草中国桁架机器人的行业标准，掌握桁架机器人的核心技术和关键部件，正向现代机械制造领域、3C产业、快消品的后端物流产业大力发展，共同建设符合中国国情的智能化无人工厂①。

因为机加工行业利润率低，成本控制要求很高，再加上桁架机器人是定制化很强的产品，因此解决产线的柔性制造问题，是一个决定企业核心竞争力的重要因素。桁架本体是标准化的，但抓手结构组织、料道、翻转会有很强的定制化要求，从夹具、工艺顺序，提高夹具的柔性和效率，可靠性要求比较高。手爪的组合，可以减少工作量，但也最容易出问题，返工部分最多。非标需要做好成熟度管理，因为每条线几乎都是新线。

目前已经投入不少资金来做ERP和MES软件的实施，但如何了解已经安装的产线上的产品使用情况，这些都是传统信息化所无法解决的痛点问题。在此之前，设备数据的收集方案，一直不太成熟。主要数据来源是CNC系统，一些辅机是PLC。许多都是从单点路由器提取过来，而数据结构整理和清洗，还是需要企业自己来做，非常不方便。

目前围绕桁架机器人，需要大数据分析解决的，包含几个方向：一是设备的开动率，尽量减少设备宕机时间。二是建立故障代码库。一般的机器系统中，机器厂家也会有故障库。该企业正在积累自己的知识库和故障代码库，目前还需要合适的系统来支

① http://www.stonrobot.com/about/

撑这种管理。三是远程诊断。如何通过客户操作日志，来了解设备撞车是因为系统漏洞，还是操作失误。四是减少自动化设备的安装调试时间。桁架机器人安装周期一般为1个月。这个过程机械安装的时间快，但电气部署的时间则比较长。如何能够让电气工程师、机械工程师可以远程协调？刚开始交付时，可能会有很多问题。用户往往说不清楚故障，沟通失效是一个大问题。这样企业不得不一次一次地安排调试人员去现场，工作效率很低，而且安装之后，如果企业换产，则需要对程序进行备份，又需要很多微调的工作。同样，如何远程更新程序也是一个重要的方向。这些都希望借助于工业互联网的数据支撑和分析，提供一个全新解决问题的视角。

实例2：人员绩效评估，期待大数据分析能提高管理水平

某服装集团有限公司，作为一家大型出口企业，非常注重生产过程中信息化的投入，积极而持续推进自动化、省人化、可视化、信息化改善。在服装智能制造方面，在生产过程中严格贯彻“3N”准则，推行标准化作业和自工序完结，通过各种模版、小工具和防呆防错装置的应用，确保每道工序生产出来的都是合格品。

目前管理层在思考一个问题，通过大数据平台对现场设备进行精准评估，这样可以在换产时，实现快速响应，从而提高柔性制造能力。根据人员资源情况，生产要实现自动排产，现场不需人工介入。

与此同时，实现车间岗位、设备、良品等多种因素联动核算，通过大数据分析实现绩效评价，并且与工资绩效联动进行。

第八节　公共服务平台不足，缺少行业级解决方案

传统的IT供应商对各种生产设备不太熟悉，而做自动物流生产线、立体仓储的企业，往往都是靠硬件产品，对软件并不熟悉。

在制造系统的集成过程中，存在着信息化软件、自动化设备、物联网和数据分析的多样化需求。当前，云计算资源、自动化设备往往都很成熟，但在落实企业的上端数据和下端设备数据打通，进行整体数据流动和分析的时候，究竟由谁来牵头做设备联网以及进行制造业服务化（例如大数据分析），给制造业企业带来非常多的困惑。

这就需要有公共性服务平台来弥补这个短板。通过工业互联网平台，个别企业的短板（特殊制造资源、临时性的加工能力、关键工艺等）可以被区域其他企业的优势所互补。建立共享制造资源的公共服务平台，将巨大的社会制造资源池连接在一起，提供各种制造服务，实现制造资源与服务的开放协作、社会资源高度共享。企业用户无需再投入高昂的成本购买加工设备等资源，咨询通过公共平台来购买租赁制造能力。在云制造模式下，企业不需要具备所有条件和能力，对企业没有的制造资源或能力可以通过“外包”的形式来达到，即通过工业互联网平台调用或租用云制造系统中的资源、能力、云服务来完成本企业的生产任务，从而降低了企业的入门门槛，使生产和企业组织方式更加灵活、多元化，也更容易适应动态多变的个性化需求和订单要求。见图 5-8。

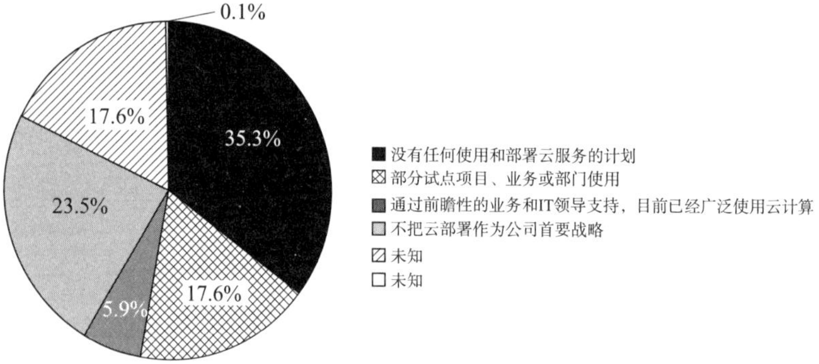

图 5-8　企业目前云计算的使用情况

实例 1：数据类型未理顺，区域产业规模小，缺少行业云

江苏某环保公司是大气污染防治综合服务商，专业从事电力、化工、建材、冶金、垃圾及生物质发电等行业烟气除尘除灰、脱硫脱硝等超低排放环保技术装备研制、工程设计、项目运营、工程总承包和第三方治理业务的国家重点高新技术企业。其主要痛点在于：数据类型未理顺，区域产业规模小。期望实现区域组网，能够有行业级的解决方案，形成行业云，将服务提供商整合到一个平台上，使得设备上云。

实例 2：从制造型企业向平台型企业延伸，进行战略转型探索

某太阳能光伏整体解决方案提供商本来是处于光伏产业链中游，目前正在全球布局下游生态链，为客户提供开发、融资、设计、施工、运维等一站式系统集成解决方案。

该公司正在进行战略转型探索，由制造型企业向平台型企业延伸，为客户提供服务平台。尽管该公司已经有完整实施 MES 的能力，已经完成近百个数字车间的上线使用，拥有很强的自主开发、数据库开发、部署实施的能力。各种设备也在进行联网，提供许多工业参数的大数据分析。但是要转型到工业互联网平台，目前的人才储备严重不足，还有很多工作需要梳理。

第九节　企业中负责工业互联网的部门五花八门

问卷调研显示，企业中负责工业互联网部门最多的是总经理办公室，由信息部或其他部门负责的比例都很小，负责的部门也是各有不同。见图 5－9。

缺乏内部专业知识和缺乏支持数字技术的内部员工技能，是物联网投资率低的主要原因。正如常州问卷调研显示，阻碍企业落实工业互联网的主要原因是复合型人才匮乏、员工整体 IT 素养不足，其次才是信息安全和 IT 预算问题。见图 5－10。

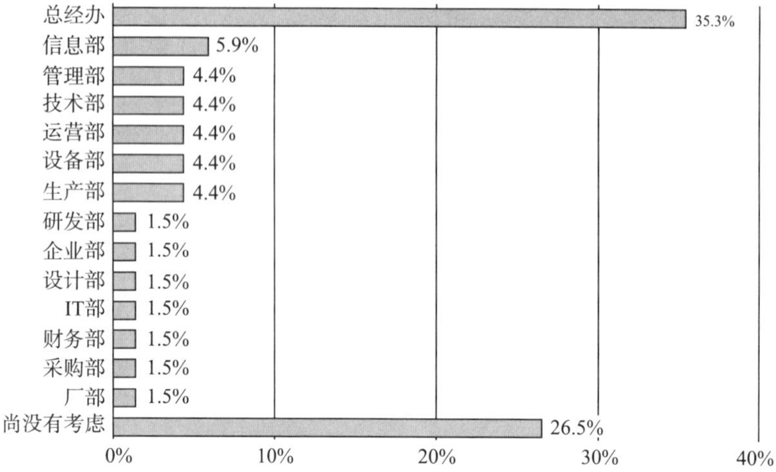

图 5－9 企业中负责工业互联网的部门

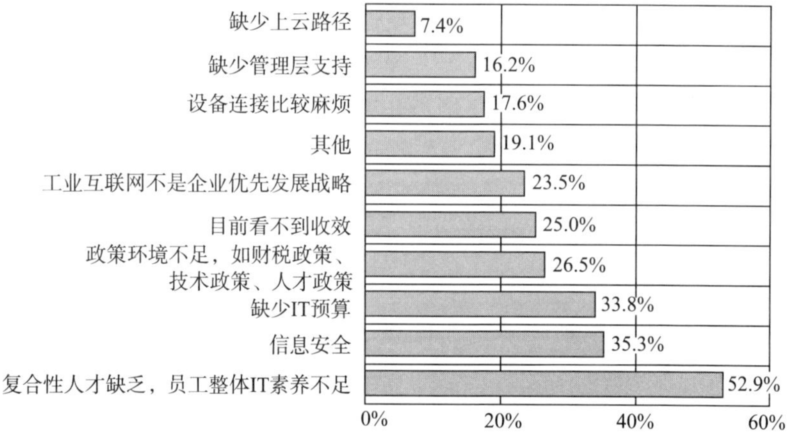

图 5－10 阻碍企业落实工业互联网的主要原因

第六章　常州制造的特点

第一节　中国制造缩影：常州地区工业特点

当前全球工业市场正面临巨大的变革：一方面，生产周期越来越短，从订单到上市的时间大幅度压缩；另一方面，产品个性化突出，需要在产品特色和生产成本之间有一个合适的平衡。更重要的是，现在制造业都在向服务化延伸，个性化和数字化的产品与服务往往融合在一起。

传统的生产模式很难适应这种变化，这就要求打破传统的行业界限，催生全新的企业合作形式，创造新的价值网络，重组产业链分工。小批量、多品种的按需生产模式已成为常态，这在实践中引起越来越复杂的问题：需求不确定性大，计划排产面对巨大的挑战；更小的批量，使得产线的柔性很难应对；物料需求变化多变，很容易形成原材料与采购的拖延。

同时，随着新技术的快速发展和应用，全球工业正在从传统的单向设计型、资源消耗型、机器主导型、批量规模型，向需求引导型、资源集约型、人机互联型、个性定制型转变，呈现出日新月异的发展格局和景象。需求管理、研发设计、工艺工程、生产制造、运维过程、储运服务这些传统工业过程也在演进升级过程中面临着诸多挑战。

从大趋势发展而言，可以看到这些惊人的变化。然而，中国制造在过去几十年的快速发展过程中，已经形成了各自不同的地域特色。常州制造也面临着上述的各种挑战，要理解这些技术变革引起的变化，还需要更好地了解它的制造业发展的历史以及当下所在的处境。

如果没有高铁，多少城市小镇就会淹没在国民的视线之中。中国常州也在其列，这个常驻人口不到500万的城市①，在从南京到上海的路途中一闪而过，并不会被匆匆路人所更多关注。然而，这个城市工业的跌打滚爬，却是跟中国制造的来龙和去脉息息相关。

从总体上看，常州工业产品仍以传统产品为主，技术、资金门槛较低，产品附加值和技术含量不高，低端产品过度竞争，高端装备制造和高技术含量产品仍然较少，供给与需求不匹配、不协调和不平衡问题较大。同时产业链还不够完善，服务型制造发展还不快，产业、产品集聚、集约、集成能力还不够，行业内企业之间关联度还不高，以核心竞争力和品牌形象带动的产业链配套还不完善，具有成套总承包能力的载体还较少，大部分产业链还处于生产链和价值链的中低端环节。

常州市重化工业比重近年来虽然逐步回落，但占比仍然达76.7%。2015年规上工业产值中，机械、冶金、化工三大行业就占到73.4%。从超百亿元工业企业（集团）看，冶金、化工、机械类企业占绝大多数。工业结构偏重，特别是冶金、化工占比过高，造成常州市产业受国家宏观政策调整影响大。

常州市工业企业中规上企业比率仅为10.7%，中小企业占规上企业的97.7%。行业龙头企业偏少，且百亿级后备企业较少；投资类企业多、消费类企业少，配套企业多、整车整机类企业少，传统产业企业多、新兴产业企业少，对产业链的形成和产业发展的带动作用不强。

由于长期以来常州市产业结构性矛盾较为突出，工业能源消费量增长较快，工业用能量占全社会的80%；冶金、化工、纺织、建材四个行业占规模工业经济总量的45%，但综合能源消费量占比却超70%，同时也是工业主要污染物排放来源，对全市节能环保工作

① http：//tjj. changzhou. gov. cn/html/tjj/2018/OPOEMFCL _ 0305/15261. html

形成很大压力，特别是在“十一五”“十二五”单位 GDP 能耗降低率和主要污染物排放减少率分别下降较大幅度的基础上再降，难度相当大。

从常州全市看，作为苏南国家自主创新示范区，创新能力还不足，工业基础能力还不强，主要表现为“五缺”：缺乏高端研发机构、缺乏高端关键装备、缺乏核心技术、缺乏处于价值链高端的重要原材料和关键零部件、缺乏人才特别是领军型人才，部分企业还缺乏对科技创新作为企业核心竞争力的重要作用的认识。

尽管存在这些问题，但常州制造依然有着独特的活力。中国哪个城市的居民最富有？答案不是大家所想象的北京和上海。根据国家统计局 2018 年 1 月的数据显示，2017 年主要城市人均 GDPTop50 中的 Top10 中江苏占了四位。就“藏富于民”而言，江苏省真的是最强的省份。而常州则位列全国第八，2017 年常州居民人均可支配收入 41879 元，虽然在无锡、苏州、南京之后，却在杭州、长沙、北京、上海之前，难免令人大跌眼镜。见图 6－1。

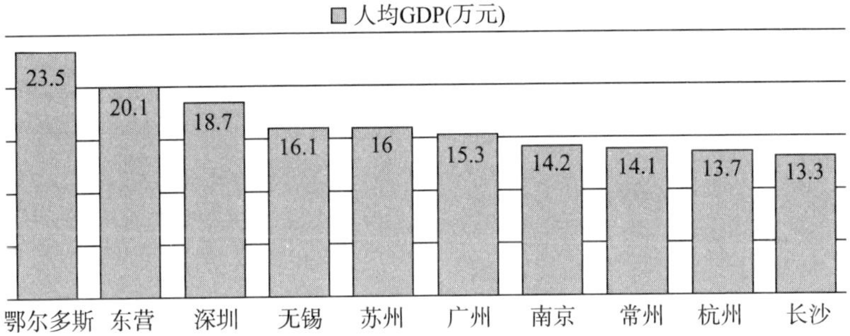

图 6－1　2017 年全国主要城市人均 GDP Top10

虽然常州整体 GDP 排名不高，但常州属于地少人稀的城市，人口面积在江苏省倒数第二，因此人均产值并不低。更何况，它的市区 GDP 和苏锡的市区比起来位列一个方阵，而下属的武进区，虽然不再是曾经的华夏第一县，但是和昆山江阴同属一个方阵。

令人意外的是，常州是一个重工业城市，而且一直超重。这与人们想象中的山清水秀、小桥流水、纤细侬语相去甚远。

从历史发展来看，常州的轻重工业比例，一直呈单边趋势的发展，从1985年到2016年，30年间，当初曾经让常州扬名天下的轻工业占整体工业产值，从超过半壁江山落到当前五分一左右。这是一个人为规划的结果，常州政府三十多年前确定了这个方向，自此这个方针再也没有变化过。见图6－2。

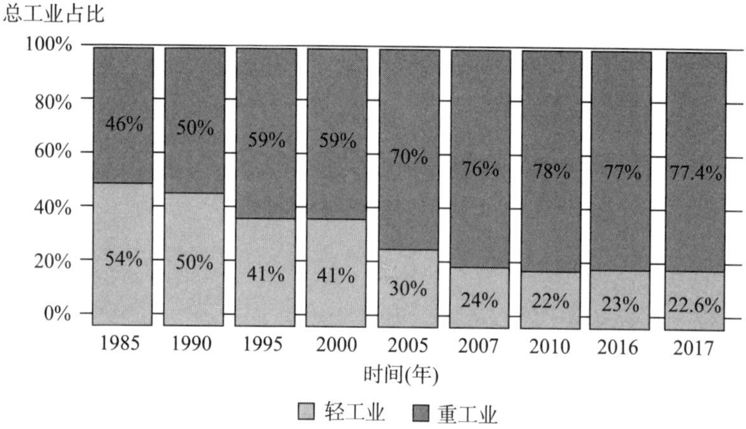

图6－2　常州的轻重工业比例

来源：《常州市志（1986—2010）》[①] 综合整理＋年鉴

江苏省的制造业产值规模近17万亿元，约占全国1/8、全球2%，综合实力居全国前列[②]。同样，苏南的制造业在中国制造的位置也是首屈一指，苏、锡、常制造业地位牢不可破。而常州制造业，则是隐藏在GDP阴影后面的王者。

江苏省经济和信息化委员会、省工商业联合会，按营业收入指标发布了2016年江苏省百强民营企业（集团）（以下简称“百强民

① 《常州市志1986—2010》，常州市地方志编纂委员会编，方志出版社，第879页。

② http：//www.sumia.org/newsdetails.aspx？id＝3173，江苏省机械工业网。

企”）[①]，涉及江苏省 11 个城市。2016 年全省百强民企营业收入入围门槛为 107.2 亿元。2016 年，全省百强民企以制造业为主，百强民企中有 58 家为制造业企业，重工业是轻工业的两倍以上。显然，重工业是整个江苏民营企业的中心。

入围企业数量，位列靠前的市为苏州、无锡、南京、南通和常州。但如果从制造业企业的数量而言，无锡（16 家）、苏州（15 家）、常州（11 家）则成为制造业最为活跃的地方。见图 6－3。

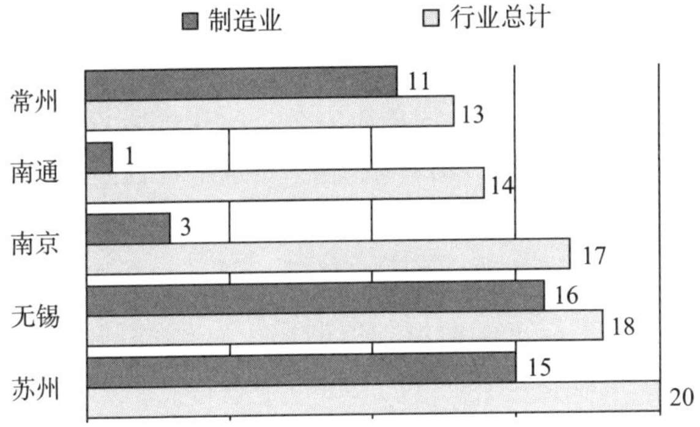

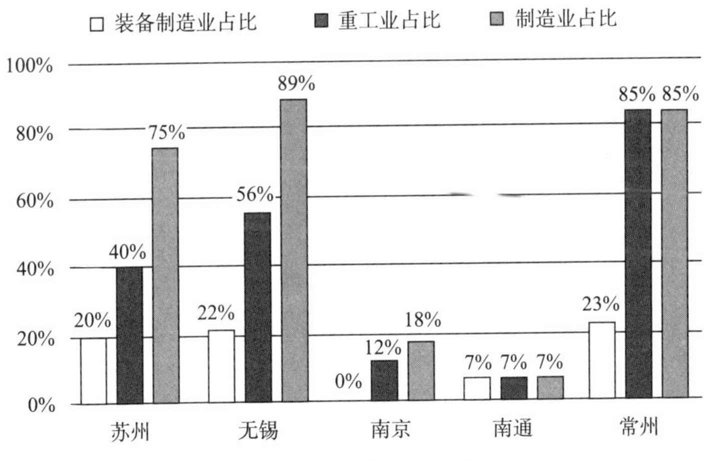

图 6－3　常州制造业占比

① http://www.jseic.gov.cn/xwzx/zcfb/bwzc/201707/t20170703_211412.html，江苏省经济和信息化委员会网。

常州制造业的占比数量高达85%，比无锡略低，但比苏州高10个百分点，比南京、南通更是远远胜出；常州装备制造业占比最高；常州重工业占比为85%，明显高于无锡56%和苏州40%。

而在2017年，整个榜单的情况是，入围企业数位列头5个市保持不变。无锡有所增加，常州有所减少。但就装备制造业而言，常州的数量占比仍然为30%，胜出无锡10个百分点，依然领跑。而南京、南通则要低得多。

从微观一点的角度来看，作为乡镇企业和苏南模式的发祥地之一，武进就是典型代表之一。常州工业收入几乎有40%来自武进。而在2017年，根据全国投资百强强区统计表①，常州武进区排名全国第一，力压广东顺德、浙江萧山，也远远将苏州吴江、南京六合甩在后面。

2016年，中国工业增加值超过24万亿元②，占全球比重超过1/3；而装备制造业，则占规模以上工业增加值的比重为32.9%。多年来，装备制造业一直是常州制造的压舱石。2005年装备制造业，规模以上企业占比总工业的产值，就达34%。2017年这个比例仍然稳居40%。装备制造业一直是常州工业的主战场，近20年没有变化。就制造业所发挥的作用而言，常州制造优势明显，成色十足，是当之无愧的装备之王。

第二节　良好的制造业基础

常州是长三角地区制造业聚集、制造经济有活力的典型代表，其工业基础相对良好。见图6-4。

常州产业有三大特点：

一是工业基础好。2018年上半年全市规模以上工业企业4240

① http://www.sohu.com/a/197368829_642249，搜狐网。

② http://www.chinabgao.com/k/15137zhizaoye/29118.html

图 6-4　常州工业基础

家①，全市装备制造业产值占比 40.2%②。常州的制造业产业链完善，新能源产业、装备制造、新材料等十大产业链企业研发经费支出占主营业务销售收入比重达 3%以上。其中，汽车整车产业链到目前形成千亿产业集群，在常州的新能源汽车及汽车核心零部件产业链里，既有博世电子、西门子、蒂森克虏伯这样的高端项目，也有龙城精锻、星宇车灯、日盈电子、南方轴承这些汽车配套行业的“小巨人”。

二是行业龙头集聚，单项冠军比较多。收入过亿元的企业已有 1400 家，208 个产品的销量名列全国前三，并具有一批全国冠军，如天合光能、上上电缆集团、五洋纺机等。工业和信息化部工业强基项目落在常州的达到 10 个，数量位居全省第二。

三是信息化基础比较好。在多年来推进两化融合的实践基础上，制造业与互联网融合发展的过程中，常州围绕制造强市目标任务，取得了积极的工作成效。截至 2017 年 6 月，全市规模以上企业数字化研发设计工具普及率达 79.4%，关键工序数控化率达 49.7%。常州地区信息化发展水平指数为 92.94，区域两化融合发展水平指数为 98.81，均位列全省第四。

---

① http://tjj.changzhou.gov.cn/html/tjj/2018/OPOEMFCL_0808/15537.html

② 引自 2017 年工业互联网调研统计。

2018年1～11月，常州全市规模以上工业增加值按可比价计算增长6.4%，增速连续4个月保持不变，高于全省平均1.3个百分点。规模以上工业企业产值同比增长9.9%，增速较1～10月回升0.2个百分点。从经营效益看，2018年1～10月，全市规模以上工业企业实现利润566.3亿元，同比增长23.1%①。

从行业运行看，机械、冶金、化工、电子、纺织服装、生物医药及建材七大主要行业中，电子、建材、机械、生物医药和冶金行业产值同比分别增长23.4%、16.3%、14.8%、12.9%和6.4%，纺织服装和化工行业产值同比分别下降4.5%和3.4%。光伏行业连续三个月降幅收窄，1～11月完成产值同比下降23.2%，太阳能电池产量同比下降10.6%，降幅分别较1～10月收窄2.4个和1个百分点。

2018年1～11月，十大产业链规模以上工业企业产值同比增长12.5%，高于全市产值平均增幅2.6个百分点，对全市工业产值增长的贡献率50.8%。其中，新一代信息技术、新能源汽车及汽车核心零部件和智能制造装备产业链继续保持较快增长，同比分别增长34%、25.4%和19.8%。

2017年，常州全市规模以上工业实现增加值2966.68亿元，同比增长7.8%，增幅列苏南第二；产值12671.68亿元，同比增长14.9%；工业税收445.6亿元，同比增长20.2%，工业税收占一般公共预算收入比重达44.4%②。

城市轨道交通牵引传动控制系统占全国同类产品总量的45%，车辆内装系统市场占有率在60%以上，车内辅助电器产品市场占有率全国第一。2017年，轨道交通装备规模以上企业实现产值270.4亿元，占全市规上工业的2.1%。国家科技部批准的“国家火炬计划轨道交通车辆及部件特色产业基地”和工业和信息化部认定的国家

---

① http：//tjj.changzhou.gov.cn/html/tjj/2018/OPOEMFCL _ 1219/15695.html

② http：//epaper.cz001.com.cn/site1/czrb/html/2018 - 04/26/content _ 199108.htm，《常州日报》数字版，2018年4月26日。

级新型工业化产业示范基地，是目前国内规模最大、水平最高、技术最先进的内燃机车生产基地。

国内输变电产业最为发达的地区之一，享有“世界变压器之都”的称号，具备高低压变压器、大容量电缆到高低压电力开关等完整的产业链，具有 1100 千伏安特高压输电装备生产能力。变压器产品结构覆盖大中小各式型号，市场占有率居国内之首。2017 年，智能电网装备规上企业完成销售收入达 753.5 亿元，占全市规模以上工业的 5.9%。

全国农机零部配件重要的生产基地，拥有常发农装、常柴股份、东风农机等一批国内龙头骨干企业，爱科农机、井关农机等国际企业在常州设厂，形成较完整的产业链。常州也是国内最重要的工程机械研发和生产基地之一，形成了高新区和武进两大产业集聚区，拥有一批整机制造企业和恒立液压、龙城精锻等一批国内外顶尖配套企业，组成较为完整的产业体系。2017 年，规上企业实现产值超 750 亿元，占全市规上工业的 5.9%。

拥有国内首个机器人及智能硬件知识产权保护中心，建有江苏中科院智能科学技术应用研究院、机械科学研究总院江苏分院等公共研发平台，产品包括高端数控机床、工业机器人、自动化工作站等高端智能装备。2017 年，规上企业完成产值超 300 亿元，占全市规上工业的 2.4%。

江苏省新能源汽车产业基地，拥有金坛众泰、郑州日产、北汽黄海、北汽新能源 4 家整车生产企业，以及 6 家专用车生产企业。汽车零部件涵盖发动机、传动系、制动系、转向系、电气仪表系、灯具、汽车车身、汽车内（外）饰件及电动工具等十数个系列，在各细分领域内形成了一批“小巨人”企业。2017 年，完成工业产值 538 亿元，占全市规上工业的 4.2%。

基础装备及关键零部件包含了自动化设备、冶金设备、各类行业机械等机电一体化成套装备，也包括了齿轮、轴承、减速机等基础性装备零部件。拥有新瑞重工、宝菱重工、宝钢轧辊、润源经编、五洋纺机、港益重工等一批龙头骨干企业。

先进碳材料产业已经走在了国内前列，碳纤维、靶向材料等关键技术打破了国外垄断，生产技术已达到或接近国际水平。石墨烯产业积极打造“东方碳谷”品牌，集聚项目百余个，形成了以江南石墨烯研究院、第六元素、碳元科技为龙头的产业集群。2017 年，新材料产业链实现产值 792.84 亿元，占全市规上工业的 6.3%。

光伏产业出货量全球第一，拥有天合光能、亿晶光电、正信光伏、天龙光电等一批龙头骨干企业。产品涵盖拉晶、切片、电池片封装、组件、逆变器、变压器、系统开发及安装、产品研发测试、光伏设备制造、光伏配套耗材等各个环节，已形成较为完整的产业链。2017 年，实现产值 698.04 亿元，占全市规上工业的 5.5%。

在元器件、半导体新光源、传感器制造等细分领域已形成一定的产业优势。涉及电声器件、二极管、电容器、传感器等产品门类，拥有瑞声科技、华威电子、裕成电子等重点企业。2017 年，实现工业总产值 754.2 亿元，占全市规上工业的 6%。

建有常州西太湖医疗器械产业园和常州高新区医药生物园两大产业集聚区。已形成了以常州四药、千红制药、亚邦药业、方圆制药等为代表的一批龙头骨干企业，高性能医疗器械、高分子医用耗材等六大重点板块。2017 年，常州生物医药和高性能医疗器械完成工业总产值 303.3 亿元，占全市规上工业的 2.4%。

第三节 产业集聚集群

20 世纪 90 年代，常州乡镇企业开始自发性集中布局，构成企业群落，工业开发区、小区开始出现，乡镇企业的集聚步伐加快。90 年代初期，工业开发区、小区的企业集聚只是空间上的集中布局，企业之间未建立较紧密的产业关联和分工协作关系，处于地理空间上集中、产业关联上离散的状态。常州出现湖塘工业区、横林工业区、洛阳工业区等企业群落。90 年代中后期，常州乡镇企业开始从集中办企业到集中做产业、由企业集聚向产业集群转变，出现仿效性竞争和产业链延伸，出现产业集群的雏形，通过优胜劣汰，一批企业脱颖而出，形成规模、创出品牌，成为产业龙头，带动中小企业发展；部分企业因降低生产成本、提高技术水平的需要，逐步把生产流程中可剥离的环节剥离出来，走专业化生产道路，强化配套需求，产生产业链上下延伸、相关行业逐步配套的拉力，逐步促进产业集群形成和最终成型，横林的强化木地板、湖塘的纺织、西夏墅的刀具、孟河汽摩等产业集群应运而生。2007 年 10 月，金坛纺织服装、溧阳输变电、武进区横林强化木地板、湖塘纺织、邹区灯具、洛阳家用电器及新北区的西夏墅刀具、孟河汽摩配件 8 个产业集群被省经贸委、中小企业局列入全省“十一五”期间重点培育的 100 个产业集群名单。2008 年 2 月，市经贸委、中小企业局确定全市乡镇产业集群发展的目标、市级重点产业集群的认定管理办法。至同年 6 月底，全市较具规模的 24 个产业集群累计完成投资总额 715.35 亿元，开发土地 106 平方千米，集群内有企业 6041 家。2010 年年底，全市 24 个重点培育乡镇产业集群累计集聚企业 6968 家，占全市乡镇工业企业总数的 23.6%，其中规模以上企业 2024 家，占乡镇规模以上工业企业总数的 34.4%。

20 世纪 90 年代，常州乡镇产业集群聚合力日趋显现，集聚大量企业，经济规模化程度明显提高，总体规模扩大，形成特定地理范围内多家企业相互融合、相互联结的共生体和区域性竞争优势，特色产业集群成为区域经济的主体，重点产业集群支撑力强，推动区域经济和乡镇经济快速发展，全市产业化、集约化、专业化生产经营体系的形成和完善，促进常州产业集群的提升和发展，形成专业市场带动型、科技驱动型、龙头带动型、区域传统型、资源依托型、园区集中型六种模式。

专业市场带动型。横林强化木地板、邹区灯具等产业集群先出现自发性的专业市场，市场发展扩大后再带动一大批中小企业发展同类产品，反过来推动市场发展，市场扩大后依靠专业化市场集聚起来的企业加速向提供专业化服务的市场集聚。

科技驱动型。溧阳输变电产业集群、金坛光伏产业集群、遥观轨道交通产业集群、奔牛液压产业集群、西夏墅刀具产业集群、雪堰精密机械产业集群等在高新技术成果的带动下，依托技术人才优势，研制生产高科技产品，形成电子信息、先进制造技术、新材料、新能源等高新技术产业集群。

龙头带动型。湟里电动工具、洛阳家用电器、礼嘉农用机械等产业集群先有一批企业持续发展壮大，技术层次提高，从各行业、企业中脱颖而出，成长为各特色产业的骨干企业，通过骨干企业的衍生、裂变、创新和被模仿，逐步形成产业集群。

区域传统型。湖塘纺织产业集群、金坛纺织服装产业集群、天宁纺织服装产业集群等，通过挖掘利用传统产品、技术和市场优势形成。

资源依托型。溧阳、金坛等地拥有丰富的原材料，吸纳、集中一批投资者到当地投资发展，逐渐形成溧阳新型建材、金坛盐化工等资源消耗型产业集群。

园区集中型。春江精细化工产业集群、薛家工程机械产业等乡镇产业集群由政府划定区域，建设厂房和配套设施，关联产业企业集中形成。

2009—2010 年，常州乡镇产业集群尤其是特色产业集群的兴起，调整优化了乡镇工业经济的产业、企业布局结构，加速了同类产业、企业的区域集聚，成为区域经济的主体，产业链发展完善，产业趋成熟，开始形成区位品牌。2010 年，常州全市 24 个市级重点培育产业集群实现营业收入总额 2541.33 亿元、工业增加值 600.6 亿元、利税总额 227.9 亿元、利润总额 158.6 亿元；24 个重点培育乡镇产业集群创造全市乡镇工业营业收入总额的 37.8%，其中营业收入达 100 亿元的 14 个、50 亿元至 99.99 亿元的 8 个，有 17 个市级重点产业集群占当地工业经济的份额超过 50%，湖塘纺织、洛阳家电、孟河汽摩配件、西夏墅刀具等产业集群占区域经济总量的份额达 70%①。

常州产业集群通过专业化分工和社会化大协作，逐步实现集约生产，专业化程度提高，形成规模经济实力，产生规模效应。横林强化木地板产业集群有为 175 家地板成品生产企业协作的配套企业、研发机构、检测机构、物流企业近 300 家，年销售额 55 亿元，占全国同类产品市场销售总额的 45%；湖塘的棉纱市场、染纱业、织造业、内外销售经营企业等组成的产业集群，年销售额 200 亿元；邹区依托灯具市场筹划发展灯具制造产业；一批外商投资企业、高新技术企业、国际知名品牌企业加入常州产业集群，项目多，投入大，上马快，收效好。2010 年，8 个省级重点培育产业集群实现营业总收入 901.5 亿元、工业增加值 190.9 亿元、利税总额 67.8 亿元、利润总额 39.6 亿元，分别占市级重点培育产业集群的 35.5%、31.8%、29.7%和 25%。全市 24 个重点培育乡镇产业集群有企业 6968 家，其中规模以上企业 2004 家；拥有年营业收入分别达 200 亿元、100 亿元至 199.99 亿元和 50 亿元至 99.99 亿元的产业集群 1 个、13 个和 7 个，形成特定地域多家企业相互联结、相互融合的共生体，市场份额占全国 45%的横林强化木地板产业集群、市场份额占全国 30%的孟河汽摩配件产业集群、在国内非标刀具领域地位重要的西夏墅刀具产业集群及金坛光伏产业集群、遥观轨道交通产业集群等具有较高的知名度，初步形成产业集群品牌。

其中，武进横林镇地板产业集群，就是靠着 180 多家生产企业，以及 300 多家服务企业，从业人员 3 万名，实现销售额 55 亿元，占全国市场销售额的 45%。有意思的是，它最早的时候是靠 20 世纪 90 年代电脑桌（个人电脑进万家的时候），带动了强化地板、办公家具等产品的发展，走到今天占领了全国将近一半的市场。

---

① 《常州市志 1986—2010（第二册）》，常州市地方志编纂委员会编，方志出版社，第 1023 页。

至2016年年底，常州市有省特色产业集群9个，分别为常州轨道交通产业集群、横林强化木地板产业集群、西夏墅刀具产业集群、新北区工程机械产业集群、溧阳输变电设备产业集群、光伏产业集群、武进功能新材料产业集群、金坛服装产业集群和武进区新光源产业集群。全年全市28个市级以上特色产业集群完成营业收入6017亿元，实现利润309.7亿元，营业收入和利润分别增长9%和12.2%；累计入区企业9317家，其中规模以上企业1728家。因区划调整、园区重建等原因，戚墅堰轨道交通产业集群、金坛盐化工产业集群、新北区航空产业集群停止申报[①]。

然而，在一系列数字之后，应该看到更为深层次的一些劣势，其实还没有得到解决。除了大块头不足之外，常州真正的劣势，也是由于产业集群缺乏竞争力所致。

干燥机就是一个典型的例子。“世界干燥看中国，全国干燥看常州”，名气够大，在郑陆镇密密麻麻地聚集了近70%的干燥机厂家。然而这个集群只有全国40%的市场份额，而且群龙无首，技术同质化非常严重。同样，西夏墅刀具集群，有刀工具生产企业约1000家，但这个产业群的年销售额只有25亿元，企业产值平均250万元。

这种产业集群，如果不加以辅导，是非常危险的。新的转型升级大浪一来，很多粗放式的企业会大面积倒掉，整个产业也会崩溃。

然而，这些产业却都有着黄金产业的背景。国内刀具市场高端产品的80%，仍然不得不依赖进口厂商，像瑞典可乐满、美国肯纳、以色列伊斯卡等牢牢把持着产业的顶端。西夏墅刀具如何提升创新能力？必须从技术研发入手。好消息是，镇政府打算出手，协助投资2亿元建设刀具研究院。这听起来才是政府要关心的重要话题。

这些产业集群，和常州许多本土经济一样，都有一种危险的单打独斗的现象——可称之为“产业飞地”。在常州很多产业专业区，

① 《常州年鉴2017》，常州市地方志编纂委员会编，方志出版社，第111页。

不仅没有规模经济，更没有产业分工协作。例如，常州郑陆镇的干燥机设备厂家有 400 家之多，但大家都是明晃晃的荷枪实弹的竞争对手，很少有差异性竞争。几个工程师搞一份图纸，就可以建立一个工厂，就可以跟大厂子抢活。而像湟里镇的灵通展览公司、武进镇的凯达重工和东方龙轮毂，这些优秀的企业，基本上是自己完成所有的制造工作。在整个区域之内，完全没有协作。一个工业产业区内的企业，要么是令人烦恼的竞争对手和模仿者，要么是毫不相干的“老死不相往来”的大邻居。这是一个值得深思的现象。40 年前，常州最拿手的“一条龙”传统，正在一点一点地消失殆尽。而当下，工业互联网被认为是一个激活资产、优化配置的机会，如何能够稳中推进，用新技术赋能甚至改造传统产业区之间的“邻里关系”，则是传统工业明星城市需要认真面对的话题。

这或许才是一个城市工业决策者真正需要焦虑的地方。

第四节　值得关注的隐形冠军

满天繁星是城市工业之福，而常州制造的原生经济正是这样的生机勃勃。制造业一直是常州发展的根基。目前常州销售收入超百亿元的工业企业有 17 家，上市公司 38 家[①]。然而在常州，有 100 多个工业产品达到世界先进或领先水平，涌现出 200 多家“隐形冠军”，这才是常州最为自豪的地方，这也应该是最要注意发展的地方特色。

2017 年年底，北京市中低速磁浮交通示范线 S1 线开通试运营，这是首都地铁路网中的首条磁浮线路。该 S1 线全线的整流变压器和配电变压器，都是由常州溧阳市的华鹏变压器供货。尽管名气不大，但华鹏变压器在城市轨道交通领域市场占比已经达到 30%[②]，而且，

① http：//www.stonrobot.com/xingyedongtai/632.html

② http：//epaper.cz001.com.cn/site1/czrb/html/2018 - 01/12/content _ 175591.htm，《常州日报》数字版，2018 年 1 月 12 日。

这也是常州的纳税大户。

同样，武进遥观镇的强力电子新材料公司，2016年销售额仅仅为4.4亿元。这对于任何一个城市一心要做大的分管副市长而言，都是大篮子里的一棵太小太轻的鸡毛菜。然而就是这样一家小公司，其PCB光刻胶用光引发剂的全球市场份额已突破60%①，它甚至打破了化工巨头德国BASF对高感度光引发剂的垄断②，为我国平板显示行业关键材料国产化打下了坚实的知识产权和技术基础。如此了不起的成就，背后自然会站着一个对研发有着狂热偏执的领导。这类技术狂人型的企业家在常州很多。这是一笔非常值得小心呵护的巨大无形资产。

可以类比的是，德国隐形冠军Delo黏合剂，广泛用在安全气囊传感器、银行卡或者护照的芯片上。全球许多芯片卡，都使用Delo黏合剂。我们伸长了脖子去德国寻找隐形冠军的光环，岂不知大量的“小强”企业，就在我们身边。

抬眼望去，如满天繁星，是不是更美?

而这样扎实的城市工业基础，自然会带来更多的精彩局面。

异军突起、一战成名的两轮平衡车生产商纳恩博，就坐落在常州科教城。该公司在2015年10月投产，2016年销售额突破了10亿元，而2017年接近20亿元。纳恩博的创业团队本是来自北京，拥有电动平衡车完整的专利体系，而常州机电产品各种零部件配套很完善，70%的原材料可以就近解决。纳恩博在考察过国内的几个主要制造业基地后，常州成为落地之选。将国际先进的产品设计理念，与常州完备的制造业供应链条相结合，两者迸发出了惊人的力量。

这是一个典型的“逆向配套”的例子，通过完善的配套基础，逆向拉动整机行业的发展。“北京设计+常州配件”，构筑了一个活生生的新动能的故事。新动能从来不会从天而降。大多数成功的动

① http：//www.tronly.com/

② http：//epaper.cz001.com.cn/site1/czrb/html/2018－01/26/content _ 178691.htm，《常州日报》数字版，2018年1月26日。

能跃迁，背后都有旧动能故事。同样，来自深圳的芯片设计者，仅用两三年的时间，就在常州高新区打造出了一家年销售2亿元的智能代步车企业。常州的电机质量，加上芯片技术，打造小而强的产业。

即使是像光大国际这样的国字号大型企业，也是看中了这里的配套能力，欣然将环保设备制造的大本营，落在了常州。

第七章　从常州实践看新苏南经济

第一节　苏南模式的起源：费孝通定义，乡镇企业盘活农业经济

苏南产业集群的背景[①]：苏南产业集群，是在“苏南模式”上发展而来。

苏南模式，是指经济发达地区的乡镇（社队）企业模式。这是20世纪80年代费孝通提出来的。最早就是指农民办工业、发展乡镇企业的农村工业经济现象。当时的苏南概念，主要是指江苏南部的苏、锡、常3市所辖的12个县市的广大农村地区。

“鱼米之乡”的苏南，拥有丰富的财富、人力、知识储备，以及良好的民国工业传统。在宋朝漕运的时候，出现“市浮于农”，也就是随着农村耕地的比例减少，商业开始发达起来。

苏南最早就成为工业基地，而且地理上有优势。在吸收一批技术设备和“星期日工程师”后，由乡镇政府牵头组织土地、资金和劳动力等生产资料，兴办了大批乡镇集体企业，跨越了资本的原始积累。

这成为最早的苏南模式的由来。

第二节　良好的政企关系

改革开放初期，苏南地区采取以乡镇政府为主组织资源方式。政府出面组织土地、资本和劳动力等生产资料，出资办企业，并由

---

① 邵继勇主编：《中小企业集群与经济发展》，科学出版社，第131页。

政府指派所谓的能人来担任企业负责人。这种组织方式将能人（企业家）和社会闲散资本结合起来，很快跨越资本原始积累阶段，实现了苏南乡镇企业在全国的领先发展。

同时，苏南模式的其中一个核心就是先进知识、先进经验和先进人员与企业的对接，帮助企业实现跨越式发展。苏南模式兴起的初期，就是上海大量技术工人节假日到苏州、无锡等地，给苏南带来了信息、技术和管理经验，成为所谓的“星期日工程师”，实质就是技术扩散，知识共享。

而在工业互联网时代，数据、知识、经验、人员更容易被聚集和共享，而且互联网的特点不仅很容易让这些知识等的共享和传递摆脱空间的限制，更是可以摆脱时间的限制。

为了弘扬工业文化，更好地发扬工业互联网的理念，推动文化配套机制，让工业互联网成为一种信念。常州建立中国第一个“工业互联网＋云制造展教馆”。通过展出常州制造业发展史、工业互联网的现场技术体验、展示大厅、中央监控室和培训基地，为全市工业互联网的普及提供了一个良好的基础。

为了推动工业互联网的发展，打消当前许多企业对于工业互联网的疑惑与徘徊，常州市天宁区政府着力在政企联手方面，削平用户心念上的大山，充当新动能的摇旗手。天宁区委书记高度重视，反复亲自进行理念宣贯，甚至专门学习工业互联网的相关技术；同时天宁区政府成立了专门分管的工业互联网的区长，这也许是中国“工业互联网第一区长”，与工业互联网平台建设方一起联席办公，为新动能摇旗呐喊。

“第一区长”在推进“强支撑”与“建生态”系统布局上下功夫，从其每周的工作内容上可见一斑。例如，不断学习工业互联网知识和设备连接方法，下基层进行工业互联网理念的宣讲，与各级领导进行资源对接，与龙头企业领导座谈，调研企业痛点，推进企业工业互联网平台建设，督导专项工作小组的网格化工业互联网管理，组织宣传人员利用微信等新媒体进行传播，对企业上云进行量化管理和评价。

这只是常州市推动工业互联网建设的一个缩影，政企联动，使工业互联网的普及非常快。

常州市政府深刻认识发展工业互联网的重要性，与航天云网（中国航天科工集团二级子公司）共同合作成立航天云网数据研究院（江苏）有限公司（2017 年 11 月成立），致力于打造国家级区域性工业互联网平台，立足江苏，为长三角区域的广大企业提供产品全生命周期管理、智能工厂、企业经营分析和优化、企业能力协同、区域工业大数据聚集的完整链路服务。

为了推动企业上云，常州市天宁区政府与合作单位航天云网江苏公司成立了一个调研与普查小组，实现划分区片、漏斗筛查、现场调研的方式。以工业普查的精神，展开了“拉网式”调研，寻找企业上云的动机、困难和合适的路径。

调普小组共组织了技术和市场人员 50 余人，联合常州市政府近 150 名工作人员，共同组成 50 个专项工作小组奔赴市场和工厂一线推动企业上云工作。工作小组明确分工，确定目标企业群体，对常州市全市重点规上工业企业展开大规模宣介及企业上云推广活动。专项行动针对不同产业、依据各区企业数量，联络企业，部署推广；根据其信息化基础和产业特征，制定差异化的“百企先行，千企上云”策略，为企业量身打造解决方案。

工作小组累计举办 17 场大型宣传和现场上云会，平均每场活动有近 50 家企业参加，其中有 5 场大型推广活动超过 100 家企业，总计已覆盖 3624 家规上企业和部分非规上企业。这次行动，不仅帮助大量企业在短时间了解工业互联网的潜在价值，更重要的是，也相当于一次完整的常州工业普查，为下一步各企业提供进一步针对性解决方案深度上云，打下了坚实的基础。

在此基础上，2017 年 12 月 8 日，常州的“百企先行，千企上云”行动正式拉开帷幕。调研和普查，既是摸清班底，又是进行理念推广的大好机会。通过专项行动，到 2019 年 5 月，常州市上云企业数量已经达到 3700 多家。

2018 年常州市天宁区政府引入上亿元的产业基金，帮助企业实现极低成本的设备上云，以工业互联网金融为杠杆，实现大规模设备上云，为盘活区域经济奠定数据基础，并转变地区的经济结构从制造驱动型向数字驱动型经济发展。

第三节　推拉结合，破解中小企业融资困境

企业上云后，最大的好处就是设备的状态，可以清晰可见；与此同时，对于供需订单，也是一目了然。这就形成了一种“工业信用”，订单交易和设备运转是最不会说谎的信用保障机制。

常州一方面跟银行融资结合，通过机器运转的“自然信誉”，解决中小企业贷款难的问题。另一方面通过补贴方式，推动企业上云，并且开始设立产业基金。政府补贴 50%，其余 50%由产业基金来支撑，总共 3 亿元，用于补贴企业设备上云所需的资金。政府补贴以专项云服务券的形式实现设备上云的后补贴，鼓励企业长期、持续地保持设备上云，从而获得大量有效的运行数据。

第四节　特殊的工业文化基因

只有“工程师精神”的支撑，才能使得企业家能够坚守实业，对制造以外的诱惑不太动心，集中精力地做好一两件事情。常州某服装集团，从 1989 年开始，一直在坚守实业，以服装和安全气囊为重要业务支撑，目前销售额已经达到 45 亿元，但仍然坚持实体主业为主。这种现象在常州非常普遍，常州的企业家往往把盈利收入总是反复投入到制造业的设备更新和再生产准备上。这也是常州房地产不像周围城市那么高企，形成一个相对的价格洼地的重要原因。

常州乡镇企业工程师精神就是本土乡情与制造相结合的一种产物，它构成了小镇特色制造的一个基础内核。

对于大多数常州企业家而言，财富来源于生产有价值的产品和服务，而不是投机行为。德国奥托公司的创始人 Otto 曾经表示，“德国人工作不遗余力，他们不认为辛勤工作只是为了谋生，而是将它作为一份职责和使命”。这句话同样适合常州的企业家，而且由于许多民营企业都在乡镇，这份感觉更加厚重。在武进凯达重工的工厂中，现有许多职员中大部分都是当地的乡亲，而且很多人是看着企二代总经理长大的。因此这位企二代在谈及企业的发展时，就认为，由于众多乡土亲情的存在，企业的发展必须是长远考虑。在订单锐减的时候，仍然要奋力支撑，绝不会把裁人当成第一位考虑。这是一种耳濡目染的使命感。而这种使命感，会促使工程师精神进一步发扬，坚守实业，坚守制造：因为从用工角度而言，制造业是吸纳劳动力最好的产业。约瑟夫在《德国制造：国家品牌战略启示录》中提到，德国品牌企业，大都是从自己的家乡而发展，因为可以依靠当地可利用的一切优势。这些创业者有动力为他们的社区和子孙留下骄傲的遗产，他们更相信企业的长期成功而不是短期收益。

而这种以工程师精神为底蕴的企业文化，也就使得常州企业能在各自的产品领域中找到属于自己的市场商机，喜欢在细分市场领域硬磕、对产品质量严格把控、对制造与工艺看得很重、生产非常低调等。这使得常州在轨道交通、刀具、输配电、干燥机、机器人等细分领域，出现了众多的隐形冠军。

工程师精神也有一种不服输、爱比拼的氛围。在天宁区的郑陆镇，可能是世界上干燥机厂房最密集的地方。由于干燥机的生产占地面积大，车间往往都很开阔。在常州东面相对开阔的地域，集聚了 600 家大大小小的干燥机生产设备。各种工程师们在这里“斗法”，相互学习，相互竞争。一种技术、一种思想一旦被一家采用，其他往往也会迅速跟上，有着很强的示范效应。最近在先锋干燥设备上，也是非常坚定地引入了“精益生产”。这种“精益思想”在几个企业率先展开之后，就能产生非常好的传导效应，大大提高了先进管理思想的普及力度。

第五节　立足中国特色的工业互联网道路展望

在全球信息化进入全面渗透、跨界融合、加速创新、引领发展新阶段的大背景下，各国数字经济得到长足发展，正在成为创新经济增长方式的强大动能，并不断为全球经济复苏和社会进步注入新的活力。

数字经济正加速由消费领域向生产领域拓展，以工业互联网、智能制造等为代表的新模式新业态不断涌现。云计算、大数据、人工智能、金融科技、无人驾驶等新生型数字经济取得了长足进步，加快与经济社会各领域渗透融合，带动技术创新、推动产业升级、助力经济转型、促进社会进步。

2016 年中国数字经济总量达到 22.6 万亿元，进一步巩固了全球第二大数字经济大国的地位。中国数字经济呈现快速增长、规模庞大、潜力巨大的特征。

2016 年融合型数字经济增速高达 25.7%，对数字经济增长的贡献达 88.2%，增速与贡献率均创近 5 年新高，以工业互联网平台为代表的新型基础设施持续夯实，网络化协同、服务型制造、个性化定制等新模式、新业态不断涌现。

我国各行业数字经济发展路径各异，原材料行业以大中型企业为重要对象，打造集约高效实时优化的生产新体系；装备行业提升产业价值链水平，聚焦于跨企业协同设计和制造；电子行业聚焦于产业链协同，消费品行业以中小企业为重要对象，构建用户需求的精准采集、快速传导和实时响应的新能力。网络基础设施加速向高速率、万物互联、智能化升级；平台基础设施逐渐成型并向云与边缘计算融合化以及感知智能化方向发展；传统物理基础设施逐渐向数字化转变。见图 7－1。

这其中，工业互联网推动工业转型升级，进一步促进数字经济

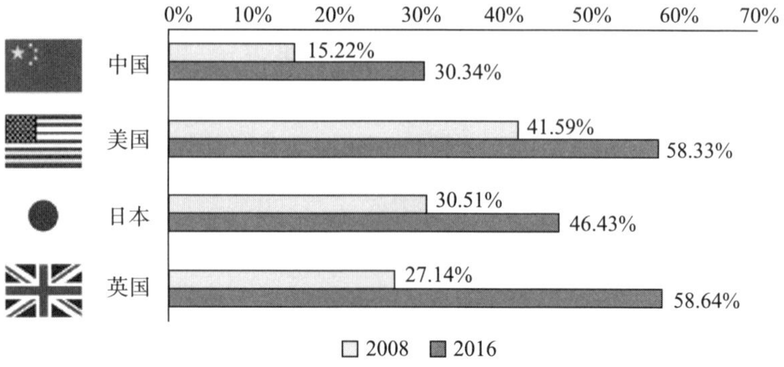

图 7-1　中、美、日、英 2016 年数字经济占 GDP 比重加速提升[①]

的发展。当前，工业互联网平台在工业系统应用中呈现两大特点：一是应用覆盖范围不断扩大，从单一设备、单个场景的应用逐步向完整生产系统和管理流程过渡，最后将向产业资源协同组织的全局互联演进。二是数据分析程度不断加深，从以可视化为主的描述性分析，到基于规则的诊断性分析、挖掘建模的预测性分析和深度学习的指导性分析。

而工业组织部署和应用物联网的动力主要来自于三个方面：降低成本、促进模糊决策、增加收入来源。

降低成本主要通过运营效率的系统精益来实现，例如，生产运营过程中的计划协调、打通自动化孤岛实现全流程的自动化生产、机器人无人机对人的替代等。

促进模糊决策尚未被学界充分认识，但已经在工业物联网实践中广泛应用，它的价值主要通过信息的实时透明和可视化决策来实现。例如，对自动化设备的远程运维、对供应链能力的实时调度、协同制造、全数字化设计、企业管理云应用、对客户行为和偏好的掌握等。这些问题广泛存在于工业过程的各个方面，而且往往不存在最优解，传统上是由自动化设备根据指定的参数范围提供预警，

① 中国信息化百人会：《2017 中国数字经济发展报告》。

人脑做出最终决策。而新的物联网、大数据、云计算技术使得预警的频次减少，精度提高，可视化技术又使得决策的过程更简便，从而受到了工业界的广泛欢迎。

增加收入来源主要通过产品服务的改善创新来实现。例如，大规模定制、服务的商品化和模式创新、产品的全生命周期管理、众包众创和制造能力交易等。

从工业制造领域的角度来看，存在四类典型应用场景。产品全生命周期的管理服务优化、工业现场的生产过程优化、供应链管理的运营决策优化、生产—服务—消费的模式创新。见图 7 - 2。

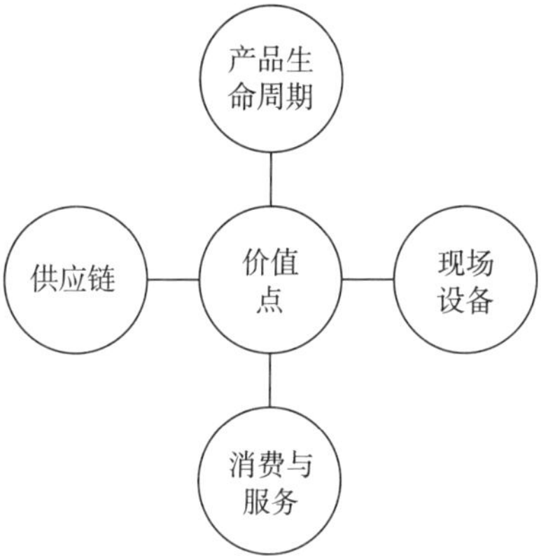

图 7 - 2　四大价值点

一是对产品全生命周期管理，具有优化作用。主要依托平台实现资源的汇聚和供需对接，国内目前在局部领域实现了协同设计、协同制造/边缘处理等应用模式。

二是对工业现场的生产过程中的设备与物件处理相对成熟，机理较为明确，并且已形成一些基于平台的较复杂的智能应用，国内在航空航天、工程机械、电力装备等行业形成了工艺参数优化、预测性维护等应用模式。

三是对供应链管理的运营决策优化复杂度相对较高，深度分析面临一定挑战，当前主要对局部流程进行改进提升，国内在电子信息、钢铁等行业产生了供应链管理优化、生产质量优化等应用模式。

四是各种商业模式的创新，各方都在积极探索中，包括依托设备的生产能力交易，例如国内在机床行业产生了通过产业集聚能力、共享基地等的应用模式。

综合这些工业物联网平台在工业/非工业制造领域的应用场景分布，可以看到一些鲜明的特点：

1. 设备集成平台和独立赋能平台

这类服务主要集中于工业制造领域，其中设备集成平台提供从供应链、生产到消费和服务的完整价值链服务，而独立赋能平台主要在产品和消费与服务这前后两端提供一些补充性的场景服务——由于工业物联网发端于工业制造领域，面临大量的工业 OT 技术与专业问题，而工业设备的自动化与智能化是所有矛盾交汇的焦点，这也解释了为什么设备集成平台是工业领域最活跃的生态参与者。而独立赋能平台则更多聚焦于 VR、大数据、人工智能等新技术的创新应用，对设备集成平台起到补充作用。

2. 设备部署平台与设备连接/管理/数据集成平台

在工业领域主要集中于生产环节，解决 IT/OT 对接和实时性边缘处理等问题。而非工业领域的众多场景面临同样的问题，也使得这两类平台成为非工业领域最活跃的生态参与者。

3. 快速应用开发平台

目前主要集中于一些“软性”的应用领域，例如，工业领域中的企业“管理云”和“服务商品化”，以及非工业领域的保险/健康/零售/娱乐/教育等纯消费类场景——这主要是由于较为“硬性”的专业应用的门槛较高，一般由数量较少的专业工业软件等厂商提供，而设备集成平台对这些厂商有更大的吸引力。不过随着第三方开发生态的逐渐发育，一些具备尖端专业能力的实验室、科学家、独立团队加入，快速应用开发平台的应用场景有望得到更大的扩展。见表 7-1。

表 7－1　五类工业物联网平台的场景应用分布

类别		设备集成平台	独立赋能平台	快速应用开发平台	设备连接/管理/数据集成平台	设备部署平台
非工业领域	行业应用	—	—	保险/健康/零售/娱乐/教育	能源/矿产/农业/基础设施 智慧城市/智慧建筑/智慧家庭	智慧交通/车联网/消费电子
工业领域	消费和服务行业	众包众创和制造能力交易	对客户行为和偏好的掌握	服务的商品化和模式创新	—	—
	生产制造	自动化设备的远程运维	—	企业管理云应用	协同制造/边缘处理	打通自动化孤岛，实现全流程的自动化生产
		大规模定制的工艺优化	—	—	机器人与无人机对人的替代	—
		能耗和质量管理	—	—	—	—
	供应链管理	生产运营过程中的计划协调	—	—	—	—
		对供应链能力的实时调度	—	—	—	—
	产品生命周期	—	全数字化设计	—	—	—
		—	产品的全生命周期管理	—	—	—

第六节　工业互联网如何重塑常州制造业

中国航天科工集团于 2018 年 6 月发布了 CMSS 云制造支持系统，这也意味着，继一年前发布具有自主知识产权的工业互联网云平台——INDICS 之后，航天云网在产品和战略方面的再次升级。

CMSS 主要包括工业品营销与采购全流程服务支持系统、制造能力与生产性服务外协与协外全流程服务支持系统、企业间协同制造全流程支持系统、项目级和企业级智能制造全流程支持系统等四个方面。工业场景高度复杂，行业知识也千差万别，通用型应用难以满足海量制造企业差异化的数字化工程需求。现在，通过 CMSS 云制造支持系统，航天云网创造了工业应用 APP 开发、部署、运行等一系列新的产业环节和价值。

由此，不同发展阶段、不同规模、不同行业和区域的企业，都可以在工业知识高度积累、复用的基础上，自主搭建云端应用个性化场景，实现应用创新的爆发式增长，有效支撑智能化改造、协同制造和云制造等新型制造模式的实现。

目前，这一云制造产业集群生态，已经有了实际落地的项目。2017 年 11 月 17 日，航天云网江苏公司正式注册成立。公司在成立还不到一个月时，便联合常州市天宁区政府开展了“百企先行，千企上云”专项行动，把企业上云作为常州工业互联网实践的第一场“重大战役”。专项行动持续了近 20 天，效果十分明显：常州市上云企业数量突破 2094 家，平均每天有 100 家企业“跃入云端”，迈上“智能制造”的第一个台阶。

当前，围绕云平台的发展，航天云网江苏公司周围汇聚了一大批各有侧重的合作伙伴，比如线上线下服务商提供金融、维修等服务，合作运营商提供平台推广和内容运营，基础设施合作伙伴提供服务器、安全等设备，行业合作伙伴提供各种行业应用，解决方案提供商提供智能化改造项目支撑，APP 提供商提供 APP 增值服务。随着这一大批企业的崛起，整个常州市工业互联网的生态也在逐步形成[①]。

一横多纵：解决管道与水龙头。通过主平台，解决与企业的连接问题；通过水龙头，解决与企业达到垂直应用问题。见图 7－3。

---

① http：//www.casicloud.com/news/111629.html

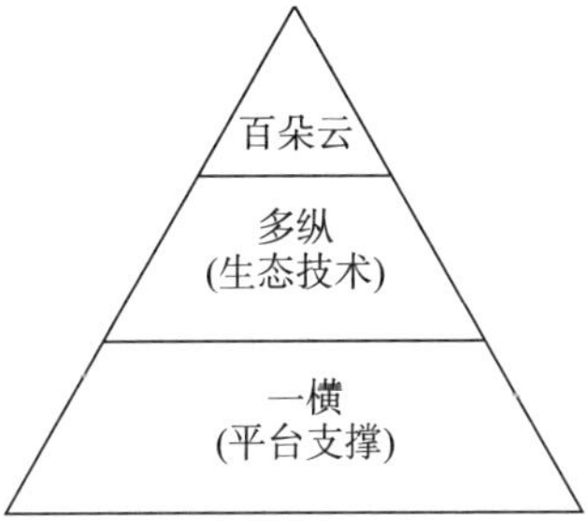

图 7－3　一横多纵百朵云

一横是指主平台，是管道问题，战略借力：政府搬山、平台耕地、企业种粮；

多纵是指技术平台，是支撑工具，通过平台上丰富的应用，使得各种垂直云应用，能够真正形成多样化结果。

百朵云是指业务场景的展开，是面向具体产业应用的“非标云”。见图 7－4。

图 7－4　多纵垂直水龙头

多纵可以用“五星上云”等级来衡量，例如，订单分析与智能决策、仿真云、业务流程和设备中心（工厂设备和重资产移动设备，如采掘机）。

“五星上云”模式，即能力上云、管理上云、过程上云、设备上云以及大数据应用，提高企业上云积极性。星级上云模式的探索已成为“常州模式”中的重要一环。

根据企业上云不同范围和内容，五星上云体系制定五星、四星、三星、二星、一星级上云企业分级分类标准，全面推动企业能力上云、管理上云、过程上云、设备上云以及大数据应用。具体上云星级评价标准如表 7－2 所示。

表 7－2　航天云网的上云星级评价标准

上云范围	上云内容	一星	二星	三星	四星	五星
范围一：能力上云	以企业真实有效信息注册航天云网平台，使用航天云网平台供需对接功能、资源池、双创服务等（发布及接受需求、进行云网制造星级评定）	具备此范围的所有内容	在一星基础上，具备“范围二”或“范围三”中的任何一项内容	在一星基础上，具备“范围二”且“范围三”中的多项内容	在三星基础上具备“范围四”的内容	在四星基础上，开展创新应用，并实现了提质增效
范围二：工具上云	在云端使用 CAD\CAE\CAM 工具、仿真工具、计算工具等工具软件	—				
范围三：管理上云	PLM 系统上云、ERP 系统上云、SCM 系统上云、CRM 系统上云、电商系统上云、客服系统上云及其他相关应用系统上云	—				
范围四：设备上云	企业生产设备或产品通过安装航天云网软硬一体数据采集器，将非核心设备数据上传至云平台，航天云网为其提供工业互联 APP，实现设备管理	—	—	—		
范围五：智慧企业上云	客户与工业企业之间的交互和交易行为大数据分析； 产品销售预测与需求管理大数据分析； 高价值大型产品的故障诊断与预测大数据分析； 工业互联网生产线的大数据应用； 工业供应链的大数据分析和优化； 大数据应用生产计划与排程； 大数据应用产品质量管理与分析； 其他大数据或物联网应用	—	—	—		

根据企业摸底调研情况，常州企业基本上云情况，一、二、三、四、五星的比例分配分别为60%、5%、5%、20%、10%。这为根据企业不同情况，结合业务特点，有的放矢，打下了良好的基础。

第七节 工业互联网造福于草根中小企业

这一点完全不同于两化融合，工业互联网有服务于中小企业的基因。

互联网领域是个草根革命，是大部分基层用户的普及，促进了应用的井喷，反过来推动了互联网本身的扩展。

工业互联网包含了互联网因素，完全可以向工业领域的草根进行普及，从而获得足够的活力进行自我造血、自我发展。两化融合搞了十来年，只是服务了规模以上企业。这些企业加起来不足50万。跟整体上7000万法人实体来比，只是极小的一部分。

这就导致了“两头挨饿”的景象，一方面搞信息化的供应商，在几十万规上企业中，白刃相争，一方面还有数千万的中小微工业企业，缺少专门服务他们的信息化方案。

现有的企业信息化领域，一般是聚焦于企业内部，也涉及到一部分供应链资源的优化整合，而大量的中小微企业没有什么进行优化的能力。由于互联网的特征是连接，可以通过连接外部资源来帮助中小微企业获得更好的发展。因此，互联网的特性是非常适合中小微企业的，这也是工业互联网最有价值的地方。

在常州，民营企业占主体，而且大量的产业集群也都是中小企业。例如，郑陆镇的干燥机设备有400多家，但产值也就是20亿元左右，平均产值约500万元。即使超过1亿元的企业，也没有几个IT人员。许多中小企业的IT人员干脆就是网管的概念，信息化支撑力量非常弱。

常州是装备制造业重镇，而工业互联网的发展，正在重塑常州装备制造业，是中小企业重新赋能的重要力量。

工业互联网的解决是按照“三点一线”往前发展，也就是痒点、痛点、节点。最早的时候，往往都是一些辅助性的痒点，切入到行业市场中去。解决痛点问题，是所有人最喜欢的。这里往往方案投入大，容易深度陷入，形成一个又一个项目制的解决思路。这里既有用户的认知问题，也有IT技术与专业技术融合的困难。

然而，光解决了痒点、痛点，还是不够的，因为痛点本身是一个关键因素，最后大规模是商业模式，必须是建立多个节点。

因此，常州工业的实践，基本是按照上述“三点一线”的思路，围绕设备，从生产资料的云化、金融化入手，实现多点联动的开放局面。

依据国务院《关于深化“互联网＋先进制造业”发展工业互联网的指导意见》，根据323行动目标，在工业互联网建设的过程中，常州通过政企研多方联动的模式，兼顾大型企业的集成创新和中小企业应用普及的需求，根据常州工业特点，制定因地制宜的工业互联网路径。

根据中小企业单打能力强、单项冠军企业多的特点，常州工业互联网的推进，优先推进“千企上云成规模”。对于大量的中小企业采取“千企上云”的模式，使中小企业能够通过“常州地区工业互联网公共平台”多途径上云，快速形成规模效应。

“重点企业建样板”：对于有个性化需求的企业，以工业大数据应用技术国家工程实验室为依托，解决重点企业个性化问题，为企业带来深层次业务价值。这一类样板，往往采用重点项目推进方式，围绕着一个大的具体场景，解决定制化问题。

“完整链路全覆盖”：考虑到常州产业集群比较成熟、产业链比较密集的特点，通过五大场景应用快速构建，兼顾通用性和个性化，打通从设备联网、产线联网、企业联网到区域工业大数据聚集的完整链路。见图7-5。

具体实践而言，就是围绕常州制造特色，建立一横多纵的“山字形”平台体系。采用成熟“双跨平台”，通过“一横多纵”的山字

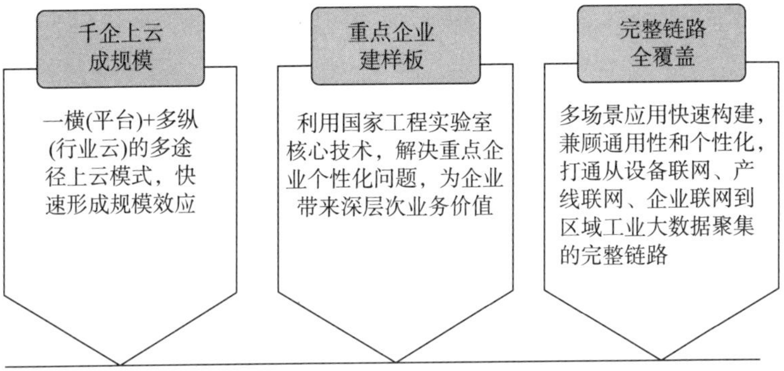

图 7-5　发展工业互联网的总体思路

形体系架构，“一横”即建立工业互联网平台的通用底盘，“多纵”则是针对常州最有区域特色的制造业，针对光伏新能源、石油化工、离散制造业等不同行业，提供不同应用场景的功能模块，使工业企业可方便地接入平台，围绕具体问题进行功能调用。

同时进行大小企业分类。秉承“重点企业建样板，中小企业上规模”的思路，针对大型企业，通过个性化定制满足集成创新需求；针对中小企业，通过推广轻量化应用，从共享经济理念出发，实现规模化整体应用普及。

依据江苏省关于加快推进“企业上云”行动计划，以及同时参考了工业和信息化部对企业上云不同阶段的解读，对常州工业互联网的平台建设，制定了具体的上云星级评定标准。根据企业上云的就绪度，开展五星上云模式。

第八章　常州模式的一线实践

第一节　常州信息化现状

常州工业互联网平台在推动过程中，从最能为企业带来好处的用例开始，一步一个脚印，让企业能够感受到那些看得见、摸得到的好处。例如，针对大型企业提供个性化服务，考虑到大型企业个性化应用涉及到企业核心数据，采用企业私有云方式部署企业应用，部分企业非核心数据则上传至公有云平台。针对中小企业，通过将数据上传至公有云平台，对中小企业上云数据进行数据管理和分析，提供区域产能协同、设备监控、在线服务、工业知识库等标准化应用服务。

在调研中发现，阻碍企业落实工业互联网的主要原因是：复合性人才缺乏，员工整体 IT 素养不足。信息安全、缺少 IT 预算，也是两大主要因素。其他原因还包括：政策环境不足，如财税政策、技术政策、人才政策，目前看不到收效等。见图 8－1。

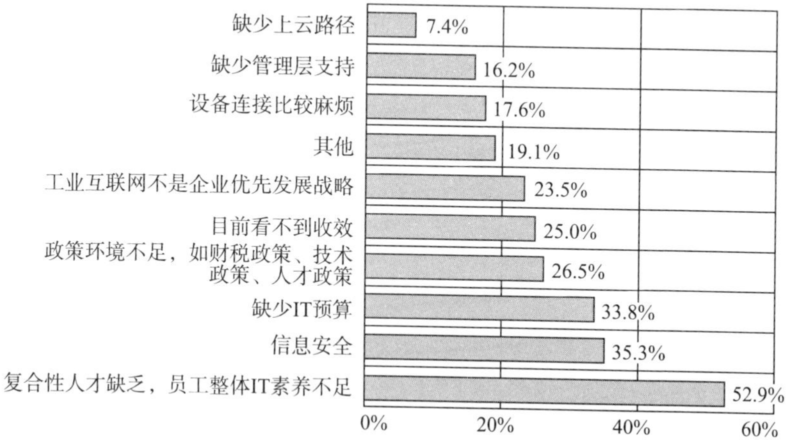

图 8－1　阻碍企业落实工业互联网的主要原因

第二节　以设备上云为抓手，扭住中小企业的牛鼻子

工业设备上云，就是通过工业互联网建立“以设备为中心的运行策略”，通过设备连接、数据传输、分析计划、运营策略和实时优化，并借助于云计算或者局域计算的能力，最终实现工业设备的运行监测、故障预警、实时优化和可能的设备共享、能力共享等全新的商业模式。

从实践来看，高价值高耗能的机械设备更符合上云的条件。这非常符合常州作为一个以装备制造业为基础的区域特点。在常州地区，大多数中小企业的设备都比较老旧，二手设备占比高，设备状况不好，一旦设备出现故障就容易造成停工或出现次品，设备维修需要花费时间和成本，而且越是老旧的设备越难以修理。

在不少中小企业里，15 年以上工龄的设备能够占到企业设备的一半以上。对于企业尤其是缺乏高端制造人才的中小企业来说，设备故障的维修方法、提高设备效率的知识、改善设备工艺的经验等都是比较难以沉淀和获取的，而这些知识对于企业的提质增效和转型升级又是至关重要的。

因此可以说，设备就是中小企业最重要的资产。工业互联网平台是激活中小企业重要资产的最好机会。由于这些设备早就过了质保期，也不存在直接调用的设备接口，因此，常州在部署工业互联网平台时，初期先是采用了非常简单的数据调用接口，以便能够使得企业设备快速连上云端。可以说，工业互联网的最小起点是基本业务数据的可视化。

常州某模具公司固定资产 1.5 个亿，是国内大型特种模具，以及成套设备与装备的产业化基地。这是中国中小企业的典型代表，在其细分市场内有一定的技术特点和优势，但由于企业规模和信息化水平有限，企业增长乏力。和其他中小企业类似，该工厂模具的产品单一、设备相对老旧，产品加工质量保证主要依靠老师傅的经

验，人员流动容易造成质量波动和交货期紧张，急需固化企业知识，稳定产品连续加工质量并提高效率，而且由于设备状况不可见，老旧设备容易发生故障，从而影响产品质量，因此，设备状态的健康管理和设备相关维修知识管理成为企业亟待解决的问题，并在设备管理的基础上，实现整个产线状态的监控和优化，保证产品精度，缩短制造周期，提高产品质量，降低制造成本。

而一旦连接上云之后，就需要帮助企业管理设备，进行诊断，同时进行反向知识灌溉，充分利用工业互联网平台上沉淀的工业知识帮助企业管好设备。

该公司与航天云网合作，围绕生产模式、智能装备、信息系统三个方面，共同规划、设计、建设具有行业特色的智能化生产车间，主要包括以下内容。

1）智能化装备与设施，包括切削加工中心、数控机床，结合软硬一体数据快采方案，对设备多维度数据优化分析、远程可视化管理，实时展示设备状态，优化设备健康度，保障设备稳定高效运行，提高生产效率。

2）在设备管理的基础上，将为企业进行数字化车间建设，主要集中在 MDC 系统和 MES 系统。通过数字化车间建设，可以进行设备的远程监控、分析与诊断，工艺参数，生产任务的高级排程、生产任务的下发，以及现场生产数据的反馈与实时统计，实现人机料法环的一体化管理。

3）传输生产制造过程中的生产状态数据、工艺数据、质量数据等，以此作为优化生产过程、提升生产效率的数据支撑。

整个项目实施，只花了 10 天时间，目前成果已在逐步展现，整个车间的设备和生产情况不仅随时可见，还通过设备监控，降低了设备的故障率，使设备故障引起的产线停工减少了 30％以上。目前正在通过已有数据的收集，对老师傅的切削方法进行分析和总结，计划提高新员工的加工效率和质量在 20％以上。

在常州有大量类似这样的企业，企业的核心资产是加工设备，企业的核心竞争力是个别老师傅长期积累的经验，通过设备监控，保障设备的健康可用并控制质量；通过设备运行参数，总结和固化老师傅的经验，能迅速解决广大中小企业的关键痛点，是一种可行的中小企业应用普及方案。

第三节　工业互联网纺织云平台

中国是一个纺织大国，每年的纺织业业务收入达 7 万多亿元。但这是一个劳动力密集型的产业，近年来因为国外大量订单向东南亚国家转移，劳动力成本上涨等因素，我国传统纺织出口产品竞争力被削弱。纺织行业作为第一次工业革命的标志性行业，首先面临着新一代技术的冲击，进入到一个转型升级的关键时刻。见图 8 - 2。

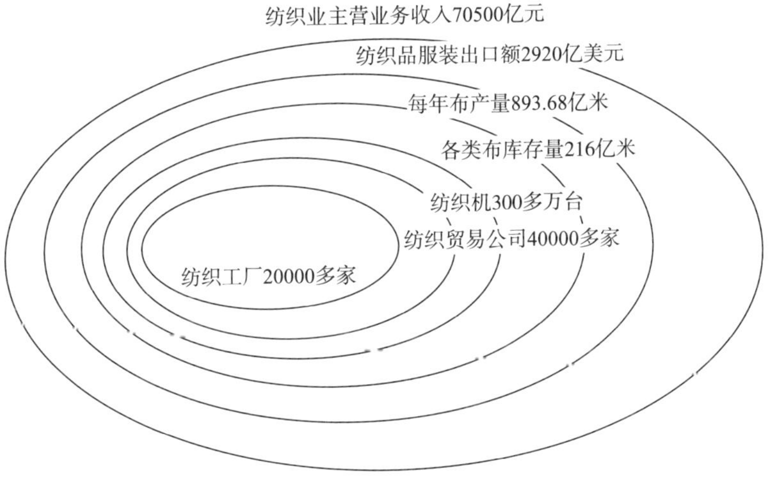

图 8 - 2　中国纺织业一览

纺织产业链的构成是这样的：从纤维制造，历经纺纱、织布、印染、后整理、制衣等生产环节。相关的配套行业涉及纺织机械、辅料、设计等。纺织厂生产坯布，印染厂生产成品面料，服装厂进行成衣加工。见图 8 - 3。

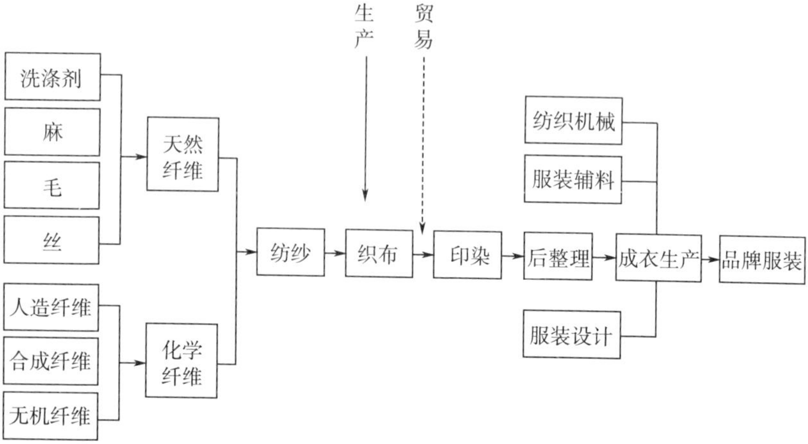

图 8-3 织布所在的行业链条

纺织厂是比较传统的行业，绝大部分的企业都是小规模、低产能。由于纺织产业技术含量低，而产能转移导致订单减少，同时人力成本不断提高，传统大宗纺织品生产企业面临着巨大的生存压力。更重要的是，由于情报支撑能力的不足，大部分决策者应对市场的反应能力不够。

在一些小纺织厂中，往往只有织布车间、检验和仓库，但大小企业的基本流程相差并不大。以前的管理主要是靠人工，如人工排产、人工抄表、人工管理效益。然而，这样往往不够规范，容易产生误差。

纺织云工业互联网，一方面是在纺织厂安装 MES 软件和数据采集，相对而言，当前年轻一代的纺织厂领导的积极性更高；另一方面是与纺织机械的制造商直接合作，在这些机械制造企业里，把工业互联网的软硬件加载其中，就可以完成设备的相连。除此之外，航天云网还在组织与纱网、设备制造商、服装设计公司等合作，以建立完整的生态。

苏州某物联网公司从 2012 年就围绕纺织机设备，对纺织机进行联网，并在此基础上把每个纺织厂连起来。开始主要是以设备连接和数据采集为主，然而，单纯的采集对企业的作用不大，企业需要的是一套管理系统。该物联网公司数字化的解决方案既包含采集卡、传感器，同时通过 MES 系统和数据分析软件，将车间设备、员工绩效都可视化，从而提高其效率。例如，以前一个人管 8 台到 10 台纺织机，现在可以管 30 台纺织机。而通过数据分析，能分析出设备故障、瑕疵原因和员工效率；能知道具体的停产原因，是属于人工操作还是机械故障。

当然，每个行业都有自己的特点。而在行业之内，不同的产品，其特点也不同。如该物联网公司的整套解决方案是基于化纤织布，而棉纺布的工艺从织布、检验到仓储，都不一样。最重要的是仓储形式，为了缓冲市场的不确定性，企业往往会增加库存量，以避免临时性的冲击。化纤布厂家一般会保持一定的库存率，如 30%的产量是用来库存。这也是因为化纤布可以长时间储存，而棉布就不能有这么多的库存。

坯布产业的运作方式非常简单，如发现今年生意好，纺织厂常常会去增加机器设备。为避免产生不必要的投资，会增加库存进行储备，但这样往往有些盲目。当前如果服装产业对面料的需求以每年 9%的速度递增，而每年库存布则同样以 9%的速度递增，每年库存布的增加就会达到 20 亿米，这是一个巨大的产能呆滞问题。

现在有了这套纺织大数据的分析系统，企业主对市场的把握会高一点，能知道前一个星期、前两个星期市场上的库存量。而分析系统则会建议哪些地方的客户布匹库存需要早一点开始生产，哪些订单的库存可以尽量多生产一些。

工业互联网纺织云平台的整体发展思路，是先从数据采集开始，帮助纺织企业做车间级的设备分析，通过 MES 实现质量管理效率提升。随着采集多家的大量数据，就可以开始做数据分析，帮助纺织企业减少库存。再进一步，就可以往下游延伸，打通坯布的交易环境，甚至可以进入到成品设计环节。

纺织机械的品牌厂商主要是日本的厂家，例如，喷气、喷水设备。高端设备价格也比较昂贵，每台达十多万元，甚至二十多万元。而国产设备大部分是组装的，即使是所谓的品牌商，其监控、电控等模块也大都来自其他公司。这些机械制造厂对机电一体化比较熟悉，但其短板是在软件环节相对薄弱。而上述物联网公司则正好凭借数字化改造的优势，对纺织设备进行升级改造。一台机器改造成本费用每年在50元至100元，前几年甚至是免费安装，仅靠数据分析服务进行收费。这也是工业互联网纺织云的一种标准模式：设备改造不收费，数据服务才是收费项目。该物联网公司通过帮助纺织厂实体企业实现先省钱、效率提高，然后再帮企业赚钱，消化库存找订单，使企业借助工业互联网进行升级的障碍大幅度降低。

设备连接作为最基础的一环，最早从盛泽地区开始向外延伸，而坯布交易则主要集中在盛泽和柯桥。这是全国最大的坯布集散地，柯桥的工厂很多，大部分设备都集中在此地。纺织行业的生产技术已比较稳定，通过数字化改造，使纺织厂可以实现“智能制造”。目前，该纺织云平台已连接设备约20万台。

再往前走一步，纺织云平台进入交易环节。

纺织厂一般都是批发式，还要经过染色和其他工序，目前都是通过贸易公司销售到服装厂。这个产业链通过几级代理展开，在交易环节，也是可以重构的对象，可以打掉中间环节，直接从原材料到坯布和采购工厂。

为了更好地重构纺织制造产业链，该物联网公司开始通过专门的APP，向下游进行延伸，拓展到坯布贸易。纺织圈APP是一个为纺织业内人士提供产品搜索、商务合作的贸易撮合平台，由后台建立供需对接标准，将产品库存数据与企业需求数据实时对接，方便采购商快速决策，从而大幅度降低库存压力，并减少中间交易环节。

下一步，如果设备采集与数据分析能力，可以延伸到印染厂中去，则整个的价值链会更加闭环。印染厂属于加工厂，受下游企业的委托进行加工，往往由纺织品贸易公司、原厂来决定购买坯布。印染的面料、染色是确定的，但传统的印染技术不确定性很大，质量也很难保障。例如，阳光集团、海澜之家，尽管有印染厂，但不会再有纺织厂。该物联网公司也在研发印染技术，做印染厂机器的智能化控制。这个相对而言比较难，一旦印染数据控制成功，就可以延伸到成品生产环节。

有了设备实施运行环节，以及撮合交易的能力，下一步是金融保障，就是供应链金融。坯布交易，其价值优势最终体现在两点，一是成本，二是库存。而贸易公司最重要的价值，就是通过现金，将货物盘活。而如果通过供应链金融，把现货数据、库存数据，和海量的生产数据一起联动起来，那么数字流就不会中断，从而产生巨大的价值。

中间贸易公司存在的优势，一是总的服务采购，二是海外贸易比较畅通，另外就是资金优势，可以随时结账。

这是传统贸易商存在的一个价值。而在数字经济时代，这些服务完全可以通过大数据的方式去进行。用户只要在平台上面下订单，直接就是面对现货，而且原材料、纺织信息、质量等级等一目了然；这些订单下放到哪个工厂里去纺织，也可以全程监控，包括机器进度、存在的瑕疵等。这些服务都比贸易公司的服务更全面，在时间和质量上也都能得到突破。

而现在，唯一要解决的就是资金也能有突破的问题，所以该物联网公司就需要邀请一些供应链金融公司，进行联合开发。盛泽有1.3万家纺织品贸易公司，而柯桥有两万多家。只要有一半产量的纺织放在平台上来做，每年销售额就是以万亿元来计算。

该物联网公司现在连接的设备，生产总量约6000万平方米的坯布，其中有1000多万平方米用于库存。如果坯布价格平均在4—5元1米，合理周转之后，利润能在5%—10%之间，这在纺织行业是非常惊人的。前期花费了几千万元做工厂数字化改造所产生的数据，也就会继续发挥巨大的作用。每天的交易额就会超过几千万元，而且利润很高。

航天云网与该物联网公司联手合作打造的工业互联网纺织云平

台，可以推动纺织行业的效率提升、建立数据标准，从而整体提升产业水平等。

在纺织行业，一个拥有几十台机器的工厂，与上万台机器的工厂的管理模式不一样，但是基本流程是一样的。谁进入行业比较早，谁在行业里的规模一般就比较大。现在需要通过工业互联网技术进行重塑，这是一个传统产业转型升级的大好机会。这意味着，对于传统产业纺织区，纺织工业的升级转型，完全可以借助数字化转型。

可以看到整个行业，都在发生着变化。阿里巴巴也在往纺织服装渗透。现在还是服装设计环节，再下一步，就可能要往上游纺织行业延伸，见图 8-4。

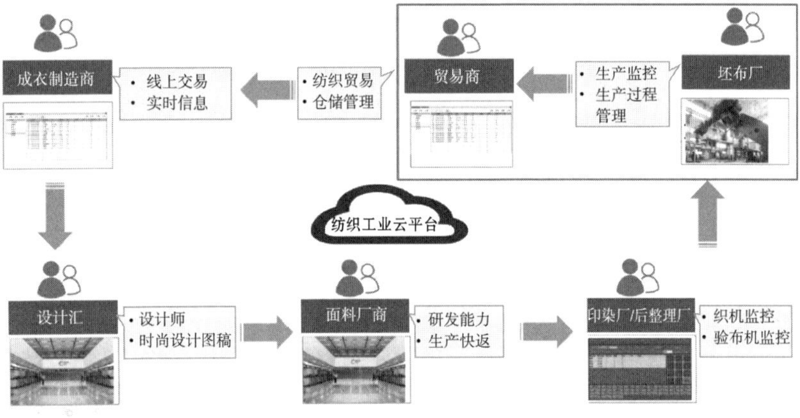

图 8-4　纺织工业云的全价值链

下一步，将继续整合上游的设计师资源，通过与全球的设计师平台对接，有近 8 万人的设计师团队，根据客户诉求量身打造私人定制级设计稿。同时通过云平台选稿系统，设计稿件一触即得，目前线下设计稿月交付量超过 20000 张。

云网正是通过找纱网、设备制造商、服装设计等合作伙伴建立完整的生态，把纱、布、成衣、设备等上下游都盘活。这样，通过工业互联网平台重塑产业资源的优势，实现全产业价值链的全连接。

纺织工业互联网平台的推出，将有效推动常州纺织业转型升级，带动常州经济高质量发展。纺织工业互联网平台是纵向行业平台，是“一横多纵”平台体系的重要组成部分，为纺织企业提供研、产、供、销、服等线上线下服务，助力纺织产业转型升级。

第四节　设备集成平台模式

常州是一个服装产业比较发达的地方。在这里，服装产业的工业互联实践呈现出多样化的特点，其中设备集成商，起到了一个很重要的角色。

在车间，从缝纫设备到缝制单元（完成多道工具），再到缝制生产线，贯穿着缝制的三缝工艺：缝前是裁，缝中是缝，缝后是烫。就设备而言，平面缝基本可以自动化实现，立体缝制尚不可以自动化实现。例如，牛仔裤60%的生产可以自动化实现，但裤腰缝制属于立体缝制，就不能全部自动化生产。

因此，完全的缝纫自动化，目前基本做不到。面料的取料柔性方式是制约原因之一，因为面料比较柔软，如果要做到自动化，必须要先硬化材料。这样从裁到缝，才可以通过机械手自动抓取来取代人工工作。

通常，设备的数据协议分为三级：公开的、协商提供的、对外不公开的。有的时候是收费开放，像流量一样收费；另一类是永远不开放。跟主机厂商谈数据接口，有时可以绕开，但对于主机自带程序，如故障代码，就无法解决。

常州某机电科技有限公司是从事服装机械自动化设备研发、生产、销售于一体的科技型企业。该公司通过良好的设备协议的兼容性，可以为工厂提供多样化的机器连接服务。最开始的时候，先从有线联网和无线联网并行，通过大数据分析，解决部分问题，下一步则是落实视觉系统，进行更深入的服务。这往往需要重新梳理工艺，重新对工位进行部署。

工业互联的设备采集数据，有利于提高库存的精准性。运用得当，非常适合于快速反应行业。青岛红领集团追求的是当天订单、立刻发货，阿里也是追求发货速度；而更多的场景，则是要以生产的批量来计算。例如常州某服装集团，客户经常的要求是 10 天到门店（注：世界上知名的 ZARA 就要求 10 天到货）。这意味着，必须积压一定的库存。

这就需要对每天的生产都有一个精准的排产估计。以前因为没有连接到设备数据，到最后清点时，才发现生产不足的问题，就只好安排加班。“加班生产”是一个事后补偿的思维。而自动从设备采集收据，就可以解决这个问题。

分析服装厂需要采集哪些数据是很重要的，例如吊挂线、原材料数量等。传统而言，工厂收集的数据，都是宽量数据。一般而言，是以车间为单位，最多是以产线为单位。但生产的最终结果，尚不能实时查询。

而现在，该机电公司通过 IoT 设备，可以连接到具体的每一个工位，可以迅速追溯问题发生在哪里。例如，要生产 1000 件衣服，原来只能在当天傍晚盘点，如果发现未完成产量，则转入第二程序——加班。

然而，如果能够提前预测，情景则不同。该机电公司通过 GPS 对每台缝纫机定位。对每个小时的状态发生变化，都可以立刻跟踪。例如，1 号位为什么没有达到产能？这样就可以实时发现问题：是设备问题（如缝纫机），还是原材料问题（如少线），便可以马上采取措施解决。如果设备有 15 分钟的故障还没有得到及时的维修，也会迅速通报到维修科的部门领导。

因此，“来不及就加班”的思路是不行的。通过工业互联网的设备联网和数据分析，就可以做到提前预计、精准估计，实时发现问题，实时处理，从而在根本性上避免总是加班的状态。当然，在这个过程中，需要进行一系列的精益改造和行业大数据分析。简单的精益、大数据，统括性都很强，根本无法落地。

每个行业都要有带头人，纺机行业中牵头改造的企业还很少。这意味着，需要有一个中间人，如工程集成商，来完成所有设备的自动化改造和物联网的连接。作为自动化设备的集成商，对于相对短线、断帧等问题，很熟悉如何操作，且数据采集、IoT 是全新的需求点。该机电公司，传统上是专业服装设备及相关零配件批发零售、服务的代理销售公司。它往往由很强的设备连接和自动化集成能力。实际上，这种典型的工程自动化集成商在推动数据联动、设备联网的发展方面，正在起到积极的作用。就数据化的自动缝纫机而言，由管理视角，从宽量数据转向精准数据，借助设备互联与数据分析，凸显了精准化的管理。

当前，数据采集或者数据上云，都不是企业最大的需求点。最大的核心，还是以智能设备为主。因此，出现了捆绑式销售：云＋数据采集＋MES＋精益＋数据分析，不同的行业有不同的解决方案。就缝纫设备而言，将来不仅仅可以采集缝纫机的数据，也包括其他非缝纫的设备。

针对 IoT 提供数字孪生（数据＋设备）的服务模式，实现在自动化基础上的工业互联网服务，这对于每一个缝纫机设备商而言，很有诱惑。但目前服装行业的普遍状况是，很多都是旧设备。一家工厂 1 万台旧设备，要完全置换成数字设备，可能需要 5～10 年之后。这就需要新旧设备一起上，而不能坐等新设备来解决问题。

当前对各种设备的数据打通并不是难题，但很多设备制造商往往会主动设置限制，接口也未必对外开放。如果用它的数据采集，则需要付费。而如果要做更深的数据分析，还需要进行代码级的合作。这就需要仔细商讨其中数据归属权、运营权等一些细节问题。这些问题，在当下仍然靠一事一议去解决，尚没有很好的通用型解决方案。

该机电公司通过工厂采集的工位数据，连通硬件设备仪器，一起提供给服装制造企业。当前主要是通过数据采集卡，而下一步则可以直接通过 IoT 模块（如网关等）来采集。现在对缝制设备主要采用 GPRS，而无需 NB-IoT。关于采集信号、采集数据、分析数据，自动化工程公司有着先天性的优势。新制造是以智能化设备+数据服务为中心，数据服务包括采集、云计算、分析和贸易数据等。根据产品品类，可以涉及牛仔裤、衬衣、羽绒服，可以进行定制。同时还需要将订单通道打通。IoT 缝纫机设备加深了对行业的信心，但未必马上有利润，因为目前接线的人工费用成本非常高。现状是，有些企业正逐步实现智能化，有些企业还是选择购买落后产能。

跟一个服装厂单独谈一个工业互联网的解决方案，几乎是不太可能的，因为会涉及大量问题，例如 ROI、安全、保密等，顾虑比想法还多。最好能有一个完整的打包方案，这样企业更容易接受。

对于企业管理而言，都会围绕精益下功夫。但精益做得好的，一般都是固定品类。对于服装而言，精益不仅是设备，也包括电子工票系统 EFS、标准工时分析系统 GSD、生产管理系统 CMS 等，甚至 ERP 也可以看成精益生产的一个工具①。

如何做到精确，就要靠数据采集和分析。企业目前采集的数据，往往是宽量数据。例如打卡反映的是生产状态，但真正精确的是机器数据。机器数据采集的是运行状态，可以实时采集。

数据分析，如设备短线比例、故障原因、生产流水监控流动量等，这些都是工厂需要做的。但工厂如果没有数据，或者不知道怎么分析，就不可能找到精准点。相对而言，红领目前也只是工艺串联，把业务、生产流程进行串联。

云网与该机电公司在纺织服装行业进行数据采集和智能化改造方面正在深度合作。它表明，自动化工程集成商，在推动一个行业的工业互联网的发展，具有非常有利的先天性优势。而这正是云网在一个行业突破的关键性合作伙伴。

---

① http：//www.bodacn.cn/products/bdtimes.html

第五节　大数据工业征信，服务中小企业

中小企业现金流普遍不理想，资金压力大，贷款和融资的能力有限。与之相反，对于银行、融资租赁等机构却存在资金积压、放贷风险大等问题。中小企业缺资金、缺订单、缺能力、缺管理。

通过工业互联网平台，以企业设备实时数据为基础运行征信模型，帮助银行等机构更真实了解企业情况，可以有效降低放贷风险，也可以提高企业获得贷款的效率，从而极大缓解企业资金的压力，提高企业设备上云的积极性。在足够的企业上云后，工业互联网平台通过企业之间的供需对接，可以盘活区域订单协同能力；在进一步引入专家、知识、经验后，可以极大改善企业普遍缺能力和缺管理的痼疾。

江苏省综合金融服务平台由省融办牵头建设，着重解决中小微企业“融资难、融资贵”问题，利用平台整合的金融服务产品、政府扶持政策、公共信用信息、社会征信信息等资源，为企业提供“一站式”金融服务。平台已经先后覆盖江苏省内 8 个城市：南京、南通、盐城、徐州、连云港、镇江、淮安、宿迁。2018 年 11 月，江苏省综合金融服务平台常州服务站成功落地。

常州产业投资集团于 2016 年出资 5000 万元组建了专业化征信服务企业，该企业采集了来自中级人民法院和市工商局、税务局、不动产登记中心、公积金中心等政府部门的涉企信息，汇聚了中国移动、中国电信、供电公司等公共服务单位的涉企数据，搜集了各类金融机构、互联网平台的信息，可以从多个维度客观及时地展现企业的信用状况。该企业致力将公司打造成以企业信用信息为核心的常州地方金融大数据平台[①]。

① http：//www.cz－credit.cn/company

从征信的角度来说，除了需要有企业的税务、社保等政务大数据之外，企业的设备数据也是重要的参考之一。一方面，可以通过机器设备运行的实时工况，来形成对设备的征信能力的建立，从而判断企业的还贷能力；另外一方面，通过定位系统，如电子围栏等，可以很方便地远程监控机器设备。

一般而言，采集设备数据的硬卡，由于需要适配的设备种类很多，很难采集。常州某物联网公司采用了采集设备工作数据的方法，主要是针对模拟信号、激光器功率、电参数如电流强度等，而不是生产数据（生产订单）。这样可以避免用户对于生产数据保密安全的顾虑。这种避开现场总线，有两个方面的原因：一是流量费用很高；二是通信协议受制于系统厂商。机器现场的工业数据，最大的特点就是海量而且无序。这里提到的数据是从工业总线的角度出发，而且是一个总量的概念。设备的数据，具有一种“沉底”的特性，它很少被真正打捞上来使用。而下一步，当平台能达到一定的数据量，其中某类控制系统设备数量达到一定量级，那么机器学习系统等就会大有用武之地。因此，该物联网公司采用了一种灵活的方式，从工作数据出发，可以轻松接触足够多的设备。而只有足够的设备，才能满足金融服务所需要的大量的数据。

现场通信方式，可以使得金融机构动态了解一个企业的工业信用。金融机构就可以用更少的员工，服务更多数量的企业，因为有了设备数据，就不用去现场看机器是否还存在、是否还在运转。

更重要的是，由于设备集成商的引入，使得二手资产也可以进行抵押。银行也许无法处理价值不高的二手设备，但集成商却可以把二手设备再卖给其他厂家，并且盈利。这解决了金融机构无法解决的流动性问题。跟集成商合作，可以实现更多功能，例如对设备的更多理解，以及对数据更多的采集与应用分析，见图 8－5。

而主要成本则是流量、安装、平台分摊等，这就需要一个工业领域中小微企业可以接受的方式和可以承担的成本。城市发展的概

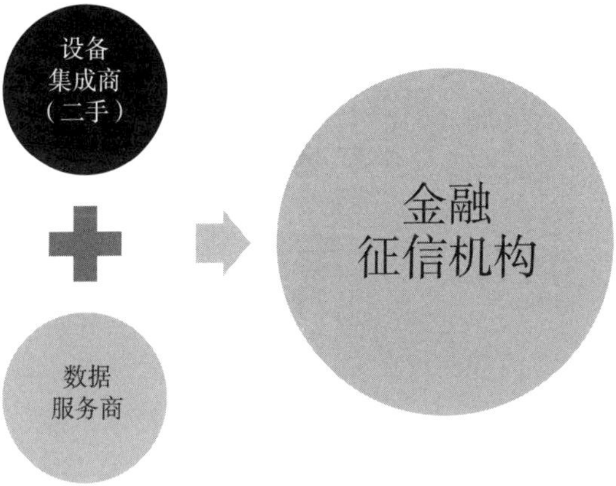

图 8-5　引入设备集成商形成征信闭环

念，是一个区域发展的概念。中小微企业很多是慢慢发展起来的，企业需要金融服务，金融行业也需要从众多企业和海量数据中发现优质客户。金融服务能够帮助中小企业实现造血功能，从而实现城市圈服务。

在移动端给中小微客户提供一些实用、极低学习门槛的免费信息服务，例如，设备开工率统计、人力资源服务、区域性的订单协同、开放工艺/设备知识库等。希望能吸引大量的工业服务类行业的企业，能在平台上给入网的企业提供这类服务，能让中小微企业普惠型地搭上信息化的快车，获得更好的发展。

该物联网公司的方案，如果是设备集成商给自己的产品上云，是带默认统一版本，然而可以对自己的产品进行增值服务，包含：数字化售后模块、产品知识库模块、产能协调模块、云协同模块、订单协调模块、人才库模块等。企业可以根据需要另外付费定制其他模块，也可以用免费的开发者账号开发自己的应用。例如，做云协同系统，把图纸和工艺手册数字化、矢量化，做后置处理后下发控制系统执行。这样可以争取实现外发图纸/工艺，直接到设备加工，全程无需人工介入。

值得注意的是，这种设备数据采集方式有优势，但也有短板，根据电信号算出的数据可能不准确，成本也比较高，目前比较适用于其自产的激光切割机等设备。在工业互联网发展过程中，这种方式是对工业征信模式的有益探索。

第六节 制造业服务化，智能产品远程提供增值服务

有些中型企业具备良好的信息化基础，但是由于缺乏整体规划及信息化系统异构等原因，往往存在着诸如管理黑箱、信息烟囱等问题。对于大型企业而言，工业互联网不仅仅是一个简单的 IT 产品，工业互联网通过企业经营全要素、全产业链、全价值链的广泛连接，通过经营可视化，解决企业“看不到”的问题；通过内外部大数据分析，发现企业原本“想不到”的问题；针对企业经营的核心问题，通过大数据支撑、决策优化等，实现企业“做不到”的能力，完成企业发展新旧动能的转换。在针对大型企业的解决方案中，航天云网在面向工业现场生产过程优化、面向企业运营决策优化、面向社会化生产资源优化配置、面向产品全生命周期管理与服务四大应用场景中，助力大型企业集成创新。

常州市某液压润滑设备公司是原国家机械工业部液压润滑设备专业生产企业，公司员工近 600 名，2002 年至今持续国内行业领先。该公司的产品主要是润滑液压系统、压力管道及容器、换热器和其他配套产品，客户涵盖国内外的大中型空分、石化、钢铁、电力、冶金等行业。润滑液压系统通常会供应给大型设备，提供润滑服务，一旦出现运行问题可能极大影响前端设备生产，而且润滑设备故障可变性大，难以快速判断，需要密切关注。

航天云网江苏公司结合该液压公司的现状，从产品交付端倒推，从企业资源计划管理到生产现场过程的优化，通过工业互联网平台进行智能化车间的全面改造。这种方法，通过优化生产模式，从以往的粗放制造向定制化高质量生产转变。

另一方面，则是扩大产品全生命周期管理，服务优化管理系统，提升客户粘性。实现从设备研制到智能化设备的远程运维的全价值链管理，从而提高了华立液压的设备及其服务的价值。通过搭建远程运维系统，对传统产品进行智能化改造，接入产品仪表参数、工况数据等实时监控产品状态信息，从客户端到服务端进行信息对接、服务对接，提升产品附加值，为石油化工场景润滑设备行业提供整体数据赋能，解决订单高利润低的行业痛点。见图 8-6。

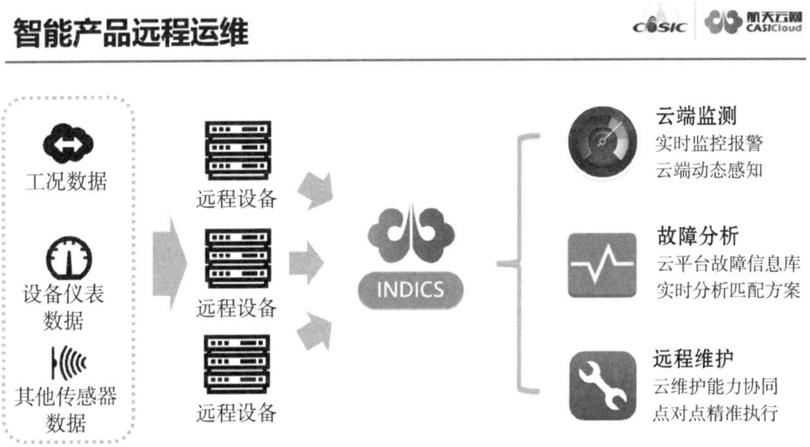

图 8-6　某液压公司的远程维护平台

通过搭建工业互联网平台，对传统产品进行智能化改造，助力该液压公司从传统制造业向服务型制造业转型升级。

一方面开辟了新利润点，通过提升产品附加值及后续服务盈利，预计提高产品利润率的 5%～10%，另一方面拓展商业模式。积极探索以工业互联网平台为载体，以服务运营为新核心，预计 2018—2019 财年可以将服务型收入提升 20%～30%。

在下一阶段实施中，将进一步加大工业互联网的使用深度。通过预测性维护，将进一步减少维修人员外派频度，并利用云平台资源共享机制，适量减少企业内维修人员数量，通过引入 AR 技术远程指导日常维护，在不影响服务质量的前提下有效减少维修人员外派的时间成本和差旅成本。通过以上维度的差量成本分析，与传统售后业务相比，远程运维系统可以有效降低30%的维修成本投入。

第七节 围绕单项冠军核心能力，建立“社区效应”

拥有独门利器的单项冠军企业在常州很常见。如何根据企业的核心能力，建立“社区效用”，在整个供应链上进行扩散，是常州工业互联网的一个工作重点。通过工业互联网平台的放大效应，扩展数字价值链的建设，可以为企业获得更大的价值空间。

许多消费品（如家电）这几年已经从总经销，到省市、三四线城市的营销模式，转向电商和互联网营销。然而生产线仍然是大规模生产，未能适用大规模定制，这仍然是一盘夹生饭。如何在家电制造商巨头转型升级的过程中，找到合适的切入点，也是中小企业非常重要的一个机会点。

常州某新材料科技公司，是就研发、制造、销售于一体的专业化新型金属复合材料公司（PCM 板），产品专业用于家电产品。经过研发，该公司开发了数字喷版钢板的加工优势，可以实现小批量的面板生产。由于生产工艺的突破，向下极大提高了家电巨头的企业库存周转速度，多年来一直跟美的、海尔等家电合作。与此同时，提供有特色的知识 IP 作为面板图案，将知识产权 IP 直接卖给家电商，也非常受欢迎，企业设计的产品非常走俏。

为了增加知识 IP 的数量，该公司借助于工业互联网平台“客创智造 COS 平台”，其中 C 代表个性化定制，O 代表开放式创新，S 代表智能制造。COS 平台底层依托工业互联网平台和流程行业大数据应用，作为数据采集及系统间数据打通集成的基础平台，在此基础上开发建设智能制造执行系统及众创平台。

这个平台的底层，仍然是企业的核心能力：数字喷版能力。为了强化单件生产的灵活度，通过工业互联网平台，接入车间设备、进行数据采集、分析及反馈，建立产品知识库，进行柔性生产线改造，并进行生产过程优化，降低产品不良率，提升单件生产下的效率、成本和质量的平衡。

为了更好地对接这样的平台，引入外部众多的设计师以来丰富产品种类，COS平台的前台开发了佰饰钢APP，吸引设计公司、大专院校、学生参与家电门板的外观设计，使设计师的设计产品，可以直接和生产商相对接。

通过核心工艺的定制能力，在工业互联网平台的基础上，以手机APP作为个性化定制入口，激活了设计师生态群，从而将产品的单件定制和生产及个性化设计连接在一起，大大强化了“单项冠军”的盈利能力。

在下游客户日益严苛的提质降本的双重压力下，企业面临设计端能力不足、生产端信息化基础薄弱、服务端能力有限等问题。在如今消费升级的趋势下，企业充分认识到要在未来激烈的市场竞争中脱颖而出，需要从面向生产经营的提质增效和面向社会个性化需求提升产品附加值这两个方面同时着手。

工业互联网的“连接能力”，可以加强单项冠军的能力，推动企业扩展产业链，围绕核心能力发展“涟漪效应”价值链。

第八节　多样化生态圈

常州市一个制造业密集的工业城市，大量的设计、制造企业都聚集在这里。有了工业互联网平台，可以借助既有的价值链，形成各种方向的小生态。

常州工业互联网平台上，提供了很多实用的工具和社群应用。这里既包括电气设计CAD公司、网上云仿真公司，也包括三维零部件库和轻量化展示等大量的实用性工具。

以常州最为知名的电气行业为例，工业互联网平台正在改变传统的电气设计的思路。在传统的IT架构中，企业的设计、工程数据存储在PLM系统中，商务、财务数据存储在ERP系统中。而PLM、ERP供应商只提供工具，数据建模需要客户自己完成。每个企业用户自己建模，必然会导致数据标准不统一，企业之间数据无法共享。而常州工业互联网平台上提供标准化的电气数据和统一的数据接口，把PLM和ERP的数据进行连接；与此同时整合了数百家品牌商的元件最新数据库（选型数据+3D模型）和上千种常用电气控制设备典型方案模板。由于将各种设计零部件的参数、报价等内容结合进来，电气设备制造业与上、下游企业连接起来，实现跨企业、跨设备的图纸和数据的分享、协同。由于集成了选型、报价、设计、仿真、供应链管理等不同的SaaS工具，这些工具统一调用、使用云端选型和设备数据库，生成的工程数据和商务数据、生产数据又返回到系统，存储在云端企业中。这些工具不仅降低了制造企业的开发成本，而且大大提高了效率。

生态需要多样化的应用方向。在常州，工业互联网平台吸引了很多本土的制造商。以常州某电气科技公司为例，这是一家专注于超声波焊接电源、电源管理系统、漏电保护装置、天线等方面产品的研发与生产的，产品覆盖军品、民品的高新技术企业。该企业将采集与通信两个模块集成在一起，并开发防火墙，专门针对航天云网进行产品定制化开发，即采集、通信与安全三位一体，从而有效保证工业数据安全、防止工业数据泄露，甚至专门成立一个公司，有十多人研发核心。看准方向，投入资金研发，花钱做生态，与互联网平台合作，一起迭代前进。

许多企业开始自愿加入，并愿意投入资金做开发。这意味着航天云网的生态体系正在得到健康的发展。一个大的工业互联网平台，协调供应商与合作伙伴的路径，正越来越宽广。

第九节 线下商会+线上实践，以人情灌注工业互联网的信任机制

常州制造业以民营经济为主，在全国排名中，常州民营经济活力指数第1位①。常州上市公司中民营占比超过95%，占地区生产总值的比重67.2%。

活跃的民营经济背后，有着一个活跃的企业家网络。这个网络，既有地方人情的特点，更有企业家互助的习惯。

通过“常州商会”等各种自发组织，企业家经常在一起相互交流。

最早，常州商会里的企业家常在一起交流价格信息和市场判断。随着企业转型升级的时代性要求，企业家逐渐开始更多地讨论迎接智能制造和数字转型。有些年轻的富二代企业家，更是在一起积极讨论“智能制造新理念”，包括读书会、研讨会。

常州工业互联网行动组，抓住这样的机会，积极参与各个行业的商会活动，宣贯工业互联网理念。由于企业家之间非常熟悉，帮、带、传积极，一方面大大扩大了工业互联网的普及，另一方面在设备互联、数据交互中相互产生信任感，解决了工业互联初期阶段的不信任问题。

例如，航天云网江苏公司第一个签约的企业领导人，正是常州天宁区郑陆镇的某商会会长。该商会是由郑陆镇二代接班人组成的，其会员自小在企业管理中受到熏陶，也受过良好教育，对于IT技术有一定的理解和认同。在该商会活动中，航天云网介绍的工业互联网和工业大数据理念和愿景，引起了极大的共鸣，其会长更是作为表率，搭建了常州市第一个企业级工业互联网平台，帮助企业向服务型制造业进行转型。该商会的积极探索也影响了周边企业接纳新

① http://www.changzhou.gov.cn/ns_news/415142333304159

事物的态度，使得地区的工业互联网建设形成了快速发展的态势。江浙一带这种独具特色的企业家圈子不少，做好企业家的工作，可以将行业自治能力与工业互联网的发展紧密结合，对于推动工业互联网的普及有着非常积极的作用。

第十节 联盟推进，多样化能力互补共生

为了最大限度地扩大互联互通的效果，发挥集聚效应，从局部建立一个共赢的产业生态，常州市成立了工业互联网联盟，包括：航天云网、中国电信、中国移动、中国联通、中兴通讯、数码大方、阿里云、腾讯云以及华为等 9 家单位。借助工业互联网联盟合作等手段，快速聚集能力，形成平台技术生态圈。围绕平台核心功能层，通过合作的形式集成大数据分析、应用开发、平台管理等方面的技术，聚集大量的 APP 供应商，丰富平台的生态环境。借助“一横多纵”的合作模式，重点建设合作伙伴体系，与行业合作伙伴共同开发区域性、行业性工业互联网应用市场。

与此同时，与常州本地的河海大学等合作，筹备建立工业互联网人才培训学校，针对具体技能和企业的实际需要，为企业培养专项人才，从而彻底解决工业互联人才不足的问题。

第九章　常州模式的崛起

第一节　常州模式的定义

常州是一个由来已久的工业明星城市，崇尚工程师精神：喜欢制造、热衷研发、坚守实业、善于协同、行业自治和重视传承。一方水土养一方制造，这是常州特有的制造基因。常州企业家们的工程师精神，极大地推动了常州工业的特色基础，形成了众多隐形冠军，建立了完善的零部件配套体系，形成了良好的产业集群。

随着中国制造进行转型升级的发展，具有跨区域、跨行业的资源配置优化能力的工业互联网，为常州这样传统的装备制造强市，提供了动力强大的新动能。凭借航天云网强大的社会资源整合能力，以及工业大数据应用技术国家工程实验室的强大研发能力，以切实可行的五星上云为途径，常州制造基因将得到进一步强化，形成中国独有特色的工业互联网发展路径，一种全新的常州模式呼之欲出："以工程师精神为内涵、以新型政企关系为牵引，以'一横多纵'的主平台作为支撑，以设备中心论为指导，以社会资源大流动为核心，打造区域性协作经济新典范。"

从最早 1978 年的经营权改革，到 1992 年非公有经济的发展，工业互联网激发了苏南模式中的第三次生产资料所有制改革。这一次，是通过数字技术的发展，以"数字化重塑设备价值"为基石，重新使得资源可以充分流动和重组，从而再次释放巨大的数字经济活力。

工业互联网通过其强大的数字解构资源和重组优化的能力，重塑了产业价值链，将一个传统的制造业城市，建设成以设备和数据双驱动的“数字经济中心”，从而全面推动长三角区域的高质量发展。

第二节 挖掘工业明星城市的内涵

常州是一个富有制造文化的工业城市。

作为中国改革开放的先发地区，常州是“苏锡常”板块的重要一员。在缺乏高端科研院所的条件下，常州创出了“经科教联动、产学研结合、校所企共赢”的发展道路。这使得常州打下了良好的工业基础，并作为“工业明星城市”而闻名全国。1986 年第二次工业普查，是一场忐忑不安的战役。普查何种科目、何种方式推进，都不明了。国务院全国工业普查领导小组第一次全体会议，决定全国工业普查城市试点工作，选择在常州进行。

这是一次对常州工业明星城市的默认和赞许。

在更早的 1963 年到 1977 年间，常州政府独创和巩固了“一条龙”模式。在发展拖拉机产业的时候，常州工业果断抛弃了“向上伸手、搞全能厂、独家包揽”的常规方式，按照装配总成、零部件配套、多厂协作，迅速创造小批量生产的条件，结果在不到两年时间里，实现了由主机、辅机、专业配套、工艺协作等有关工厂组成的生产手扶拖拉机的联动机制。其实就是产业链的分工和专业化生产的协作线，这在常州，被称为“一条龙”①。

这种模式被常州政府和产业界演化成一种成熟的产业推动机制：围绕大类产品，抓住 1～2 家骨干工厂，打破企业界限，工厂梳成辫子，配套成龙，协作生产，以提高地方工业的综合生产能力。

随后，常州工业将“一条龙”的精髓，消化吸收得淋漓尽致，广泛复制在灯芯绒、卡其、花布和手扶拖拉机等产业；随后扩展到了化纤、半导体收音机、塑料和玻璃钢等产业。1977 年，常州的八

---

① 乌家培等编著：《常州工业发展的道路》，人民出版社，第 54 页。

条龙企业，其生产总值占到全市的 48%。工厂数量占全市的 24%，职工数量则仅为四分之一。见图 9－1。

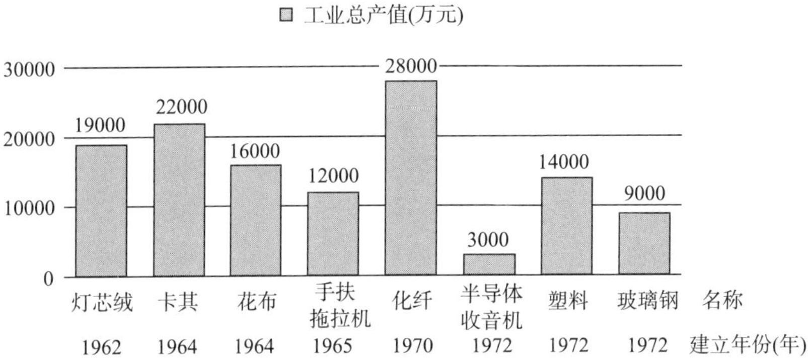

图 9－1　1977 年常州八条龙企业情况

常柴牌柴油机、东风牌手扶拖拉机、金狮牌自行车、红梅牌照相机、星球牌录音机、幸福牌电视机、荷花灯舞牌灯芯绒、文笔塔牌印花双面绒、水月牌什色卡其布等，都是在那个时代闪闪发光的品牌。

彼时，常州在高速发展工业生产的时候，提出的口号是“挖潜、革新、创造”，“精打细算”过日子。1966 年到 1977 年，常州用在工业方面的资金 3.7 亿元，其中用于老企业的革新和改造占 84%，而新厂建设费用只占不到 16%。就在这一年，常州提出了“新厂三不建原则”即“凡能利用老企业增加生产的不建新厂；凡能经过技术改造进一步挖掘潜力的不建新厂；凡能组织一条龙协作解决问题的不建新厂”。

“新厂三不建原则”，成功地解决了常州工业资金不足的问题，同时极大地挖掘了工业产能。1977 年，常州工业总产值增加，约 90%都是靠老企业挖潜而得到的。

“新厂三不建原则”和惊人的 90%挖潜空间，是常州工业发展史上的经典案例。

常州全市工业总产值，1982 年比 1976 年增长 87%；财政收入比 1976 年增长 20.9%。这片只占江苏省国土面积 4%的地方，曾经创造了全省一半的生产总值和税收收入。

到 1983 年，常州一市三县乡镇以上工业企业已达 2634 家，集体企业占 87.4%。正是这种大力发展集体经济、乡镇企业的创新实践，成就了常州工业明星城市的崛起。20 世纪 80 年代初，全国绝大部分城市就业安置困难、生产力不高、工业经济效益较差、生产和生活用品匮乏等问题很突出。常州的情况却好得多，其成绩让全国城市都感到惊讶和刮目相看：常州的就业安置率，在全国同类城市中名列全国第一；常州市区的劳动生产率，在全国同类城市中名列第一；常州的人均产值，在全国同类城市中名列第一；常州的财政收入，在全国同类城市中名列第一。

第三节　常州的工程师精神

常州很早就是一个工业明星城市，然而这个城市并不是以大企业、大集团取胜，而是以大量的中小企业和活跃的民营企业而著称。在这些活力四射的制造业背后，是一种类似德国隐形冠军和日本工匠精神的基因在做支撑，这就是常州制造所特有的工程师精神。

“工程师精神”是指对工程与制造情有独钟，不达目的不罢休的一种制造创新精神。这类人（企业家）往往是技术控，喜欢制造，喜欢捣鼓机械，喜欢 DIY，喜欢研究工艺。这是一种“造物”的情结。这种精神对于隐形冠军的产生至关重要，也是企业基业长青的意志保障。

某轮毂厂，全新的自动化产线共四个车间，全部是老厂长亲手设计。这位焊工出身的企业家，在工厂上找到了他作为工程师的全部乐趣。经他设计改造后的产线，不仅工序发生了变化，自动化水平也得到大大提高，从一人一台机，向一人八台机转变。在加工车间，无论是一台机器人“侍候”三台功能各异的机床，形成一个自动加工单元，还是轮毂吊装移动线，都是出自这位工程师之手。

日本最知名的家具制造商“秋山木工”的创办人秋山利辉在《匠人精神》一书中写道，把简单的事情做到极致，功到自然成，最终“止于至善”。正如古大德云：“成大人成小人全看发心，成大事成小事都在愿力。”可以说，发心和愿力成为常州工程师精神的一个重要标签。

工程师精神也具有一种传承的精神。常州的民营企业，一直是活跃的主体。2017 年是常州市实施第五轮民营经济三年行动计划的开局之年，民营经济各项主要指标均保持健康增长态势，总量规模进一步扩大。实现民营经济增加值 4464.1 亿元，按可比价计算增长 8.3%，超出全市平均 0.2 个百分点，占全市 GDP 的比重达 67.4%，比上年提升 0.1 个百分点，拉动全市 GDP 增长 5.6 个百分点；投入力度进一步加大，全市完成民营投入 2860.4 亿元，增长 10.8%，超出全市平均 2.7 个百分点，占全市固定资产投资比重达 73.4%；其中，完成民营工业投入 1819.6 亿元，增长 10.8%，超出全市平均 2.4 个百分点，占全市工业投资比重达 87.5%；创新能力进一步增强，规模以上高新技术产业产值占规模以上工业总产值比重的 46.6%[①]。

这些活跃的民企背后，都是由一个个有血有肉的企业家组成。武进地区一共有 1300 多家规上企业，大多数都是民营企业家。根据当地统战部的统计，这些企业家平均年龄接近 57 岁，他们有很强的意愿将企业传递给下一代。目前愿意或者已经接班的“企二代”近 120 家。在常州的工业界，到处都是“老曹和小曹”“老王和小王”“老刘和小刘”，到处都是“企二代”的身影。这是常州工程师精神的传承。

立足本地，善用资源与技术。这种常州工程师的内涵，为常州工业再次腾飞，奠定了良好的基础。

---

① http://www.sme.gov.cn/cms/news/100000/0000000083/2018/3/7/a7e12715656f4aeb92a6ec458d41dea5.shtml

第四节 新型政企关系的牵引："政府搬山、平台耕地、企业种田"

工业互联网的发展，离不开当地政府的配合。在常州模式的工业互联网实践中，一种新型政企融合关系也在推动着工业互联网的发展。在常州天宁区，通过政企联手，将先进的技术和经营理念，与急需转型升级的本地企业很好地进行结合。许多企业对于工业互联网的推广，仍然存在着心念上的三座大山，对价值心存疑惑、对成本心怀忐忑、对实践心长力短。

为此，常州天宁区政府成立了专门分管工业互联网的区长，这也许是中国"工业互联网第一区长"，与工业互联网平台建设方一起联席办公，为新动能摇旗呐喊。"工业互联网第一区长"在推进"强支撑"与"建生态"系统布局上下功夫，从其每周的工作内容上可见一斑。例如，不断学习工业互联网知识和设备连接方法，下基层进行工业互联网理念的宣讲，与各级领导进行资源对接，与龙头企业领导座谈，调研企业痛点，推进企业工业互联网平台建设，督导专项工作小组的网格化工业互联网管理，组织宣传人员利用微信等新媒体进行传播，对企业上云进行量化管理和评价。

这只是常州市推动工业互联网建设的一个缩影，政企联动，使工业互联网的普及非常快。

这是一个典型的"政府搬山、平台耕地、企业种田"的三方互动案例。

第五节 以"一横多纵"的主平台作为支撑

工业互联网在中国的发展，具有明显的中国特色，也呈现了百花齐放的态势。很难用一种方式来进行概括。

在常州的实践中，由于多样化的场景，必须要有一个统一的平台，也就是需要有一个基础平台能够快速连接企业、系统和设备。这样的基础平台需提供设备管理、网络连接管理、应用开发、数据服务、与第三方系统互联等重要功能，同时基础平台连通着底层设备、企业业务需求、应用开发者和企业内其他 IT 系统（CRM、ERP 等）。只有基础平台的存在，才能帮助企业极大节省物联网应用开发时间和费用，同时上层应用大规模扩张时无需担心底层资源扩展问题。

然而仅仅有基础平台是远远不够的。在“一横”的基础上，必须发挥面向行业应用的“多纵”垂直能力。在常州模式的工业互联网实践中，逐一发展了多种“纵向”的工业云，例如纺织云、服装云、环保云等。每一个行业的云，都各有不同的特点。就纺织云而言，它首先深入到技术含量不高、工厂产能分散的坯布生产的行业之中。在这个行业中，一方面利润不高，另一方面又是大幅度积压库存，中间贸易环节多如牛毛。各种标准的浪费现象，司空见惯。

航天云网纺织云平台，从几个方面重塑传统纺织厂的价值链。见图 9-2。

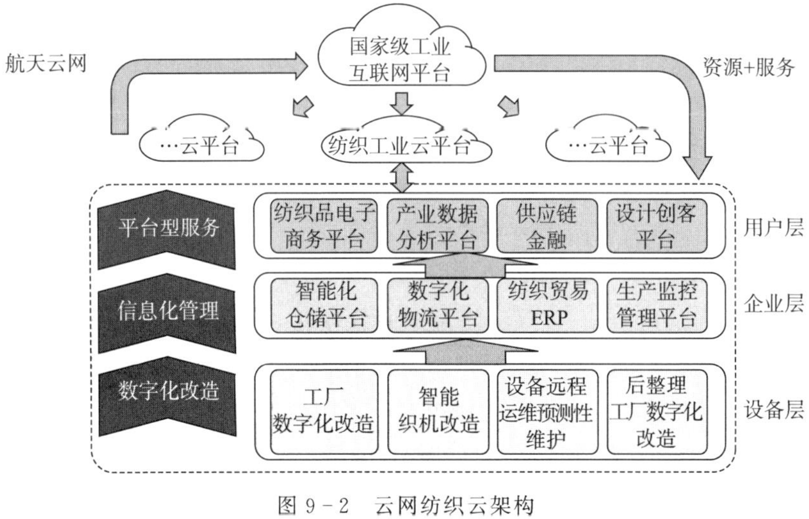

图 9-2　云网纺织云架构

一方面是下沉，打通织机设备连接，实现设备的远程监控，从而可以实时掌握每台织机的在织品种、生产效率、开停记录、故障原因、生产产量等。同时实现生产全流程管理，通过对工人排班、布匹检验、生成条码、扫描进仓、布匹扫描出库等管理，实现纺织企业低成本高效率运转。从生产的角度，可以全盘掌握生产信息，辅助柔性排期。最重要的是，可以实现库存精准、采购及时、对账方便，从而有效控制成本风险。

一方面向下游延展，推动产业链的流通，最后通过供应链金融提供服务。这就形成一个产业链的平台，平台负责去接单，而那些纺织加工厂只需要负责进行加工，并且可以完成每台机器的开机收益，大幅度去掉了中间的贸易商环节。

这是一个工业互联网平台重塑一个行业价值链的重要案例，然而它体现在纵向突破能力，需要对一个行业有着非常深厚的把握。而当前纺织云的场景，也未必适合棉布的生产，因为化纤布可以储存的时间很长，而棉布并不适合长期储存，库存量不大。同一个行业也存在着不同的运行机理，提醒我们“一横多纵”的主平台模式，必须跟垂直行业做深度的结合。

第六节　设备中心论：从产业集群到产业集云

常州的工业具有典型的重工业特点，而且中小企业很多，可以在工业互联网大显身手。

工业互联网有两个方向：一是面向大型制造企业，这是国外常见的策略，例如，通用电气公司（GE）的卓越制造、博世的双重领先（Bosch for Bosch）等，都是从自家工厂和设备出发，面向大型设备、数控设备、连网产品；二是面向中小企业。后者是一个费力不讨好的市场，绝非一个优先挖掘的领域。然而在中国，中小企业的海量级设备，迎来了一次意外的走红。

这背后是政府推动的热情，改变了工业互联网的方向。这是国外工业互联网绝对无法理解的玄机。可以说 GE 打开了一扇门，中国的实践家们进门之后却在政府的帮助下，走了一条不同的路，鼓励千万中小企业上云，带来了百万量级的设备进入工业互联网体系。一个全新的局面呼之欲出：产业集云。

产业集群的特点是基于资本、劳动力集聚的地域性价值链效应；而产业集云的最大特点是基于设备互联、本地社区而形成的区域性云效应。这又是地方政府的特色，推动企业上云有很多方法，而加快设备的互联将是一手最为快捷的棋。而对于中小企业，设备是最大的心肝宝贝。激活设备的效率，就是为中小企业助力的最好奖励。

这将是地方政府的掘金新高地，像做产业集群一样做产业集云，像做房地产一样做“地头云”：一种区域性主平台。地方政府对于搬迁房屋、腾笼换鸟的行政高效，这一次将再现灵效，它大大拆除了用户上云的成本，为工业互联网平台的热心家们，铲除巨大的动员、启蒙和劝服的成本。

这是一次基础设施的再建设。常州市在这个地方看上去先行一步，不遗余力地与航天云网进行合作，对规上企业 4000 多家，完成了销售漏斗的梳理，加速了设备联网的步伐。而一旦设备联网数量就绪，其星火蔓延之势将迅速扩大，区域性主平台将形成排他性效应——毕竟一台设备只有一个接口。当下的一台设备进行联网的价值不明显，但如果一个个企业的数十台、数百台设备陆续接进来的时候，它们将形成众多的数据节点，随时会被后来的第三方服务所租用、分析和决策，就像威尼斯的沿海节点一样，源源不断地提供着数据流动和数据贸易的保障。

从长远的平台效应来看，这是当下能看到的最有启发的实践。

常州真正实现城市崛起是在改革开放之后，被称为中国改革开放后“第一个崛起的城市”。党的十一届三中全会带来了改革开放的春风。作为苏南模式的主要代表，常州走出了重点推动集体所有制工业的发展之路，并且大力推动企业经营承包责任制，成为举国瞩目的“工业明星城市”；而在当下，以工业互联网平台为催化剂的数字经济，将在常州制造基因和工程师精神的内涵中，找到全新腾飞的动力。悟得一步先，抢行万里船。产业集云，就像是一个区域炼丹炉，以设备为中心，源源不断地输送数据石油。这意味着一个一个的地头云，将深深扎根当地企业，后到一步的工业互联网平台将很难再扎进来。这是一个巨大的政企共建的地方堡垒。

这正是中国特色的工业互联网的发展道路的一个典型。

第七节 工业互联网的现状

一是作为工业互联网平台的提供商，如何让企业对工业互联网的认知在一个水平上。在工业领域，每个行业都有鲜明的特点，差异化非常大，很多平台忽视个性化的需求，因此通用性的平台和行业个性化需求之间的矛盾是推广工业互联网时面临的巨大挑战，平台要不断思考以贴合行业特性和行业特有的需求。

二是从战略的角度而言，政府和平台商对工业互联网的产业很热，反而企业不是那么热，很冷静，形成“两端热、中间冷”的局面。

三是从企业业务的角度看，未来的企业是以数据而不再以流程为抓手。数据在哪里能够发挥最大的效益和价值，这是值得所有人思考的问题。工业互联网的起点是全新的，大家都刚开始起跑，跑多跑少在于勇敢的尝试。在业务上要考虑到大企业有挑战，很多中小企业面临的挑战更大，尤其是在资金、技术、人才方面，都会面临巨大的挑战。通过政府、企业共同努力，去寻找这些中小企业在业务方面的共同需求，通过整个园区、整个产业链，甚至整个区、整个市、整个苏南片区，让中小企业花更少的钱、很少的代价便可以获得价值，满足中小企业共性的业务需求，这个也是现在所面临的巨大挑战。

四是落地。工业互联网是一个全新的模式，在第一步的价值部署上会发生巨大的改变。第一在于安全；第二是网络，互联网解决的是人与人之间的交互，用低功耗降低企业应用网络的成本，保障实时性，这是网络领域要解决的问题。

五是资金问题。长期、短期的回报怎样快速变现，这是企业要帮助用户思考的问题。

六是组织与人才。目前既缺乏复合型人才，也缺乏专业性人才。复合型人才在工业互联网领域，既要懂互联网技术，还要懂工业机理。现在很多企业没有专门的组织来推广工业互联网的落地。

工业互联网推进面临着一个很大的机会，它不是工业互联网的问题，是整个工业转型升级的问题，而且看上去是要把新账、旧账一起算的问题，所以也把这个称为无共识的推进。虽说具体路径暂时没有共识，但目标是共识的，只要是百花齐放就一定能找到路子，中国的工业互联网推进会呈现出完全不同的局面。

是什么在支撑或者主宰工业互联网的发展呢？工业互联网平台上的业务内容至关重要。而工业软件是重要的抓手，而且也呈现出了新的机会。由原来的专有部署软件到工业互联网，再到平台化，工业软件的系统架构发生了变化。原来这种架构不适合当前的发展，如今在工业互联网平台上需要体系更新，需要功能解耦，需要把它封装成基于应用场景的 APP，这给国产软件带来很多机会。但也需强调，这个机会不是光给国产软件的，国外也是一样。技术上会呈现一个反食物链现象，食物链高端吃下端，但现在很多技术能力下沉，比如说以前的编程软件，现在下沉到软件里面；原来的计算能力、架构能力，现在下沉到 IasS 层，很多原来的经验都下沉了。这种标准化，在越来越好的时候，就会找到自己卡位的机会。对于应用，或者观念，确实需要大家有更多的认识，这就是一个全社会的作用。

第八节 工业互联网平台对我国工业软件业的发展促进作用

1. 工业互联网平台在软件能力上要具备基础能力

工业互联网平台在软件能力上要具备基础能力，例如，平台资源的管理、服务、技术，以及为入驻企业提供服务，如帮助企业提高经济效益等。平台软件更多会通过应用场景去开发软件，这些软件会诞生很多软件企业，平台跟软件企业之间应该是相互促进的关系。

要紧密跟踪国外全新架构的软件发展，大力发展适合于云计算的原生软件，工业互联网平台也需要跟上这个变化。

2. 工业互联网平台与工业 APP 的开发相辅相成

工业互联网平台提供了物联网的接入能力，降低了技术门槛，有利于促进各行各业工业 APP 的发展。平台可以提供共享的能力，通过基础架构，将各行各业的数据规范化、标准化，从而实现共享。而资源的汇聚为工业 APP 开发提供了基础，有利于降低工业 APP 开发的难度。

APP 与工业自身的专业知识、工业机理相互促进，APP 能够沉淀工业行业的知识，通过算法共享实现其更大的价值。由于工业 APP 是一种全新形式的软件，它需要全新的架构进行设计。而传统的工业软件做得越来越复杂，因而由全面转向全新的架构，还需要一个漫长的时间进行迁移。

3. 向国外工业互联网平台汲取经验

当前我国的工业互联网平台正处于快速发展之中，工业互联网平台是一个庞大的体系，而在工业软件方面又欠缺很多，所以还难以在传统的工业软件里实现反超，只能更新思维，寻找全新机会。工业互联网平台为中国工业软件发展提供了一个难得的机遇，依托平台降低了工业软件的开发难度，提供了很多市场需求。

国外大型企业做软件，特别是工业场景的软件，周期很长，不适应国内对于这些工业软件快速迭代的需求。因此，这是中国中小软件企业发展的一个难得机遇。通过平台化，可以让国内中小软件企业快速地做大，快速地迭代。

另外，工业互联网平台化也改变了软件的应用方式，未来更多的软件将以机顶盒的形式进行改良。通过边缘计算，直接将系统内置，这涉及各行各业软件的发展，也是一个很大的机遇。

4. 工业互联网平台要重视安全软件

工业互联网平台对软件行业发展的促进作用，主要包括三个方面：一是降低了开发者的门槛，二是提供了更多的“弹药”，三是扩大了受众面。但当前国内工业互联网平台建设，在网络安全能力方面有很大缺陷。做安全软件的企业还有很大机会，希望得到各大工业互联网平台的重视。

工业互联网三大体系中，安全方面还要加强，从国家层面讲，很有可能会组织对各大平台的安全测试，为企业营造安全的环境。

5. 场景软件多样化

平台对软件行业产生了一个重要的催生作用，就是场景软件多样化。基于场景开发应用是我国中小软件企业重大的发展机遇和方向，业务场景多样化的需求，恰恰是中国工业软件发展的最好机遇。与此同时，也是软件正版化的机会。毕竟，基于云计算的软件盗版相对会难很多。过去几十年，中国的工业软件没有发展起来的一个重要原因，和盗版有很大的关系，工业互联网会从这个层面上消除正版软件被盗的风险，而且由于云上软件的使用，软件成本会大大地降下来，对用户而言，使用软件成本就不像原来使用单机软件那么贵。这些对中国的工业软件发展来说，是一个很好的发展机会。

第九节 工业互联网商业模式和应用范式

1. 在设计领域实现工业互联

在国家标准、行业标准都没有非常明确的时候，很难将工业互联网的商业模式讨论清楚。但工业互联网的应用，在工业设计上还是有很大价值。工业互联设计、共享设计平台，是目前国内应用比较急缺的问题。而盗版软件在中国工业软件中非常普及的现象也令人棘手。通过一些平台软件就可以实现设计共享，因此要在工业互联网模式下将应用带到设计领域。

2. 工业互联网的模式可通过低成本的方式实现快速普及应用

工业互联网涉及的数据采集、数据共享，与商业、金融结合，通过低成本的方式快速实现普及应用，有助于工业互联网模式的应用和推广。就企业之间而言，设备信息的分享非常重要，为今后设备共享与生产资源的分配，起到非常好的基础作用。例如一些企业大量设备闲置，一些企业设备高负载使用，这就是一个商业模式的增长点。

然而，企业的困惑，在于工业互联网的商业模式可以在哪些方面得到收益。政府给予支持，大中小型企业积极参加，在这个过程中会不断地演化、不断地学习，使工业互联网在这个方面得到成长。

3. 工业互联网要应用到具有经济优势的地区或者产业，形成地方型工业互联网特色

国外公司在工业互联网道路上起步早，也取得了很好的经验，有许多值得学习的地方。在中国可利用地区的经济优势或产业优势，形成地方型工业互联网特色，形成一种应用和典型的范式，进而促进当地经济的发展。例如，常州天宁区的发展，形成国家工业互联网的引领方式，这种方式更具有针对性，能够集中发挥优势。

4. 工业互联网以技术为基础，而不是以商业为基础

工业互联网的本质是工业型的网络互联，而不是工业的互联网，其目的是形成一个设计、研发、质量优化，包括装备等方面的新模式；以技术为基础，而不以商业为基础，商业只是采集数据并进行商业优化。

要将工业互联网做好，企业要达到一定的水平，制造车间和智能工厂要升级，要达到工业 2.5（相对工业 4.0 而言）以上的水平，并在基础之上形成自己的优化模型和数据模型。企业要在建设好制造车间和智能工厂的基础上，提出规划分布实施。常州的力度非常大，企业借助这样的平台，可以让整个区域的工业互联网模式得到很好的应用。

常州工业基础雄厚，创新创业氛围浓厚，极具发展潜力，在此背景下，充分利用地方优势产业资源和优势基础，通过常州工业互联网平台，形成一个推动常州新旧动能转换的长效机制，最终实现“常州模式”的发扬光大。

第十节　常州模式小结

航天云网和常州政府的结合，深入生产一线，探索具有中国特色的工业互联网道路，形成了初步的工业互联网的常州模式。其解决的主要问题在于：“以常州为代表的苏南经济，如何利用工业互联网的强大的数字解构资源和重组优化能力，重塑产业价值链，将一个传统的制造业城市建设成以设备和数据双驱动的数字经济中心；如何将工程师精神与新一代信息技术深度结合而重塑竞争力；如何打造新型政企关系从而推动解决在美、德、日也面临巨大挑战的中小企业数字化转型问题；如何系统探索工业互联网发展中的技术、应用、产业和商业模式问题。”

工业互联网常州模式的核心在于提出并解决了以下几个关键问题：

问题一：工业互联网需要和地方特色相结合，形成区域化发展的新格局

措施1：政府推动，发挥工程师敬业协作精神，加快构建良好生态环境。

改革开放初期，苏南模式的其中一个核心就是先进知识、先进经验和先进人员与企业的对接，帮助企业实现跨越式发展。而在工业互联网时代，数据、知识、经验、人员更容易被聚集和共享，而且互联网的特点不仅很容易让这些知识等的共享和传递摆脱空间的限制，更是可以摆脱时间的限制。

为了推动工业互联网的发展，打消当前许多企业对于工业互联网的疑惑与徘徊，降低企业工业互联网创新的门槛和成本，常州市天宁区政府着力在政企联手方面，削平用户心念上的“大山”，充当新动能的摇旗手。政府领导在推进“强支撑”与“建生态”系统布局上下功夫，自身不断学习工业互联网知识，下基层进行工业互联网理念的宣讲，与各级领导进行资源对接，与龙头企业领导座谈，调研企业痛点，推进企业工业互联网平台建设，督导专项工作小组的网格化工业互联网管理，组织宣传人员利用微信等新媒体进行传播，对企业上云进行量化管理和评价。通过政企联动的方式，在政府主管领导的高度重视和推动下，工业互联网在常州地区的普及和发展非常快，为未来数字经济规模的形成抢得了先机。

措施2：重视广大中小民营企业。

民营经济在整个经济体系中具有重要地位，民营企业尤其是中小企业作为中国经济的重要组成，在常州这样制造业发达的区域民营中小企业集聚是其最典型的特征之一。民营中小制造业企业大多信息化程度很低，传统模块化的企业生产管理软件购置实施维护成本很高。工业互联网就是要利用新兴的互联网、云化的技术降低中小企业应用信息化的综合成本，大面积地提高中小制造业企业的生产管理水平。而适合中小企业的工业互联网应用和模式需要在实践中探索，是一个较为长期的过程。

航天云网江苏公司针对中小企业缺资金、缺订单、缺管理、缺能力等核心痛点，通过设备上云实现设备监控和健康管理，并依托设备数据及企业生产状况为企业提供金融征信服务，极大地缓解中小企业缺资金的问题；同时为企业提供“工业滴滴”等应用，及时了解设备相关知识，一键呼叫专业维修人才；为了加快应用普及速度，联合江苏联通设立“企业上云营业厅”，面向企业用户提供“企业上云套餐包”，带动相关服务产业的发展。

措施3：聚焦特色的协作模式，深化“一条龙”生产模式。

在更早的1963年到1977年间，常州政府独创了产业链分工和专业化生产协作线的“一条龙”模式。从20世纪90年代开始，常州乡镇企业开始自发性集中布局，构成企业群落，工业开发区、小区开始出现，乡镇企业的集聚步伐加快。初期，开发区、工业小区的企业集聚只是空间上的集中布局，企业之间未建立较紧密的产业关联和分工协作关系，处于地理空间上集中、产业关联上离散的状态。20世纪90年代中后期，常州乡镇企业开始从集中办企业到集中做产业、由企业集聚走向产业集群转变，出现仿效性竞争和产业链延伸，出现产业集群的雏形，通过优胜劣汰，一批企业脱颖而出，形成规模、创出品牌，成为产业龙头，带动中小企业发展；部分企业因降低生产成本、提高技术水平的需要，逐步把生产流程中可剥离的环节剥离出来，走专业化生产道路，强化配套需求，产生产业链上下延伸、相关行业逐步配套的拉力，逐步促进产业集群形成和最终成型。常州特色产业集群的兴起，调整优化了乡镇工业经济的产业、企业布局结构，加速了同类产业、企业的区域集聚，成为区域经济的主体，产业链发展完善，产业趋成熟，形成区位品牌。

常州产业集群通过专业化分工和社会化大协作，逐步实现集约生产，专业化程度提高，形成规模经济实力，产生规模效应。工业互联网与产业集群的结合，如干燥设备、刀具、纺织、汽车零配件等，实现了更大规模和范围的协作和分工，形成初步的云制造产业集群，更高效地进行了资源的优化配置。

问题二：如何系统性地建设工业互联网并找到发力点

措施4：政企学研用多方位结合，构建开放合作生态。

工业互联网是个生态体系，除了工业互联网平台，还包括其依托运行的网络和安全体系，以及平台商、运营商、APP提供商、企业等相关者。工业互联网发展的最终状态是开放合作的生态，但从企业阵营的视角来看，这种开放是相对而言的。目前，各企业首先选择能够与自己互补的企业结成伙伴，彼此共享数据资源，形成横向的生态；其次，则团结垂直领域、行业的企业，形成纵向生态。

常州利用政策红利、产业资金扶持、股权基金投资等手段多方位配合，以航天云网和行业龙头企业为基础，以航天云网工业大数据应用技术国家工程实验室为牵引，加强和国内高等院校和研究机构通力合作，围绕工业互联网平台核心功能层，构建区域性工业互联网生态体系，利用龙头集聚的虹吸效应，从局部建立一个共赢产业生态。通过航天云网与常州本地大学合作，针对具体技能和企业的实际需要，通过产教融合的方式，彻底解决当地工业互联人才不足的问题。

措施5：以设备为中心的多系统优化，快速突破企业的普适性痛点。

工业设备上云，就是通过工业互联网建立“以设备为中心的运行策略”，通过设备连接、数据传输、分析计划、运营策略和实时优化，并借助于云计算或者局域计算的能力，最终实现工业设备的运行监测、故障预警、实时优化和可能的设备共享、能力共享等全新的商业模式。设备是中小企业最重要的资产，企业的核心竞争力是个别老师傅长期积累的经验，通过设备上云解决企业融资难的问题，以设备监控为基础实现老旧设备的一键报修，通过设备监控保障设备的健康可用并控制质量，通过设备运行参数总结和固化老师傅的经验，能迅速解决广大中小企业的关键痛点，是一种可行的中小企业应用普及方案。因此，工业互联网平台是激活中小企业重要资产的最好机会。

问题三：如何构建区域性工业互联网平台

措施6：通过“一横”的主平台，快速连接企业和设备。

提供统一的基础平台，提供设备管理、网络连接管理、应用开发、数据服务、与第三方系统互联等重要功能，同时基础平台连通着底层设备、企业业务需求、应用开发者和企业内其他IT系统（CRM、ERP等）。航天云网江苏公司采用“一横多纵”的体系架构，在国家级工业互联网平台INDICS平台基础上，针对常州制造业特色，培育针对离散制造业、纺织服装、光伏新能源、石油化工、环保行业、干燥行业等不同行业和不同应用场景的APP，使工业企业可方便地接入平台，使用各种工业APP。“一横多纵”的平台体系，兼顾了云网平台和合作伙伴的第三方应用，为工业互联网平台的推广提供了良好的平台机制，为发展合作伙伴建立了理论基础，使工业互联网运作从项目制向平台制进行转变。

措施7：通过“多纵”的子平台，解决行业性问题。

在“一横”的基础上，必须发挥面向行业应用的“多纵”垂直能力。在常州模式的工业互联网实践中，逐一发展了多种“纵向”的工业云。例如纺织服装云、干燥设备云、环保云、机床云等。每一个行业的云，都各有不同的特点。通过行业子平台，一方面是下沉，打通行业设备连接，实现设备的远程监控，从而可以实时掌握每台设备的生产效率、开停记录、故障原因等，另一方面向下游延展，推动产业链的流通。

措施8：利用大数据智能分析，实现数据汇聚的价值。

工业互联网通过其强大的数字解构资源和重组优化的能力，重塑了产业价值链，将一个传统的制造业城市，建设成以设备和数据双驱动的“数字经济中心”，从而全面推动长三角区域的高质量发展。

常州通过组织“百企先行、千企上云”行动，快速汇集了入驻工业互联网平台的企业，通过“设备上云”行动，大量连接了企业生产设备，建立了数据汇聚的机制。通过工业互联网平台区域大数据服务，以企业设备实时数据为基础运行征信模型，帮助银行等机构更真实地了解企业情况，可以有效降低放贷风险，也可以提高企业获得贷款的效率，从而极大缓解企业资金的压力，提高企业设备上云的积极性。在足够的企业上云后，工业互联网平台通过企业之间的供需对接，可以盘活区域订单协同能力；在进一步引入平台上的 APP、专家、知识、经验后，可以极大改善企业普遍缺能力和缺管理的痼疾。设备征信仅仅是工业大数据的一种应用场景，当数据的规模不断扩张后，数据的应用价值也在不断凸显。

问题四：如何实现人、财、物、信等资源的协同运营，创新商业模式

措施 9：构建区域公共服务平台，立足人、金融、物（设备）、信息流的畅通。

通过工业互联网平台，个别企业的短板（特殊制造资源、临时性的加工能力、关键工艺等）可以被区域其他企业的优势所互补。建立共享制造资源的公共服务平台，将巨大的社会制造资源池连接在一起，提供各种制造服务，实现制造资源与服务的开放协作、社会资源高度共享。工业互联网平台帮助企业打造制造即服务的新经营模式，将企业的核心能力进行封装，包括以制造资源作为服务、制造能力作为服务、制造知识作为服务等。

常州工业互联网公共服务平台对于上云数据进行数据管理和分析，提供区域产能协同、设备监控、工业滴滴、工业知识库等标准化应用服务。以设备数据为指引，航天云网江苏公司联合机床公司合作推出设备快修、以旧换新等服务。线上提供“一键报修”服务，结合工业滴滴等工业 APP 聚拢维修资源，提供供需对接、接单、维修、支付等一站式服务，同时实现线上机床加工需求和能力对接，线下为企业提供机床选型咨询、机床租赁、以旧换新、机床大修等服务，并为机床终端用户提供管家式服务，以及设备资源和能力共享等服务。

附　录

常州介绍

常州也叫龙城，位居长江之南、太湖之滨，与上海、南京两大都市等距相望，与苏州、无锡连脉成片，是有 3200 年历史的古城，也是一座改革开放中崛起的新兴工业名城。

常州是自古以来工业就比较发达的地方之一。据考证，常州冶炼业在 3000 年前已很成熟，南宋时期的常州亚字形青铜镜被日本列为国家级文物；常州造纸业在唐代时已成为全国 15 个造纸中心之一；常州的印刷业也久负盛名，“毗陵用铜铅为活字，视版印尤巧便”，明代时就闻名全国。古代常州最突出的要数纺织业了，隋代时晋陵织绣为朝廷贡品，唐代时常州“透额罗”、红紫二色棉布、纻、细纻等均为全国之冠，宋代时常州精美丝绸名噪一时，史志留有“宋有机户美织，号晋陵绢”之句，明代时常州土布繁荣、棉纺迅速发展，清代常州手拉机织造的本色斜纹布获万国展览会一等奖。常州手工业最著名的产品是梳篦和刺绣。晋代开始，常州梳篦、木梳历代为朝廷贡品，有“宫梳名篦”美称，有谚云“扬州胭脂苏州花，常州梳篦第一家”。刺绣是常州传统工艺名品，明、清时期已有盛名，民国时，一代刺绣大师杨守玉创造绣苑珍品“乱针绣”，打破苏绣、湘绣、蜀绣、粤绣一统天下格局，开创中国刺绣艺术的新天地，使绣品产生西洋油画的光色透视效果。“夺苏绣湘绣之先声，登刺绣艺术之高峰”。

常州是近代中国民族工业的发祥地之一。常州人盛宣怀推动洋务运动，推动近代工业的发展，被誉为“中国近代工业之父”。他创下了中国11个“第一”：第一个官督商办企业——轮船招商局；第一家电讯企业——天津电报局；在山东创办了第一个内河小火轮航运公司；第一家银行——中国通商银行；第一条南北干线铁路——芦汉铁路；第一个钢铁联合企业——汉冶萍煤铁厂矿公司；第一所工业大学——北洋大学（现天津大学）；第一所正规师范学堂——南洋公学（上海交大前身）；第一个全国勘探总公司；上海第一个私人图书馆；中国红十字会第一任会长。作为中国近代工业发祥地之一，到民国时期，常州的纺织工业已具相当规模，棉纺织品不仅国内畅销，还远销南洋各地。1946年，常州布机数居全国领先地位，纺织工业实力显著。近代工业先驱、民族资本家刘国钧在短短8年内先后办厂4家、设备资本翻了3番、日产布5000匹，把大成公司建成中国最有实力的纺织公司，被著名经济学家马寅初称为中国民族工业史上的“罕见的奇迹”。1913年，常州第一家机器制造工厂——由奚九如创办的厚生制造机器厂（1955年，厚生制造机器厂改名为国营常州机器厂，1964年改名为常州柴油机厂，1994年成立现在的常柴股份有限公司）诞生，同时也是全国最早试制内燃机的厂家之一。同年，奚九如又创办了振生电灯公司。1930年起，他又着力制造纺织机械，月产丰田式织布机达300多台，占全市产量半数以上。抗战前夕，常州40多家纺染织厂所用的纺织机械中有一半以上来自于厚生机械厂。

常州是“苏南模式”的创建城市之一。新中国成立后，常州工业发生了翻天覆地的变化，有了质的飞跃。常州在不是重点建设地区、国家投资少、企业规模小的劣势情况下，积极发挥集体企业作用，积极探索新型有效的发展模式，从20世纪60年代初探索出灯芯绒这一全市第一个“一条龙”专业协作生产方式，到20世纪70年代初先后发展出生产灯芯绒、卡其布、花布、手扶拖拉机、化纤、半导体收音机、塑料、玻璃钢等8条“龙”，实现了“小桌子上唱大戏”“农字当头滚雪球”，到1978年市区发展到16条“龙”（8条龙加自行车成为9条龙，加照相机成为10条龙，后来又有新发展，逐步形成专业公司或总厂再与外协单位组成“龙”)，形成了群“龙”飞舞的良好态势，初步形成了常州工业的支柱骨架。

常州真正实现城市崛起是在改革开放之后，被称为中国改革开放后“第一个崛起的城市”。党的十一届三中全会带来了改革开放的新风。作为苏南模式的主要代表，常州重点发展集体所有制经济，在地方政府的主导和支持下，实施了简政放权、大胆启用能人，大力发展地方工业企业，大力发展街办企业、乡镇企业，从而大大调动了工业发展的内在积极性。在全国还在拼命追捧全民所有制的时候，常州走出了重点推动集体所有制工业的发展之路，并且大力推动企业经营承包责任制，取得了巨大成就。到 1983 年，常州一市三县乡镇以上工业企业已达 2634 家，集体企业占 87.4%。正是这种大力发展集体经济、乡镇企业的创新实践，成就了常州工业明星城市的崛起。

20 世纪 80 年代初，全国绝大部分城市的就业安置困难、生产力不高、工业经济效益较差、生产和生活用品匮乏等问题很突出。但常州的情况却好得多。以下是常州人民交出的、让全国城市都感到惊讶和刮目相看的“成绩单”。

★常州的就业安置率，名列全国第一，基本解决就业问题，凡符合就业条件的初、高中毕业生都能迅速就业。

★市区的劳动生产率，与全国 69 个同类城市相比，常州名列第一，即使与全国 24 个 100 万人口以上的大城市相比，仅次于上海，也名列第二。

★常州的人均产值，在全国 69 个同类城市中名列第一；1982 年，全市职工平均创造出 1.2 万余元，高于上海经济区平均数，仅次于上海；每个职工创造的财政收入为 1580 元，名列全国第三。

★常州的财政收入，在全国 69 个同类城市中名列第一；与全国 24 个 100 万人口以上的大城市相比，也已经超过其中 10 个；1983 年，常州市区累计上交国家财政收入达到 78.7 亿元，相当于同一时期国家给常州拨款的 8.2 倍，相当于常州工业固定资产原值的

4.4倍。

★常州全市工业总产值，1982年已达38.67亿元，比1976年增长87%，平均每年净增产值3.01亿元；财政收入5.32亿元，比1976年增长20.9%，平均每年净增财政收入1533万元。

这片只占江苏省国土面积4%的地方，曾经创造了全省一半的生产总值和税收收入。与此同时，常州的名牌产品闻名中外，琳琅满目，畅销不衰，如常柴牌柴油机、东风牌手扶拖拉机、金狮牌自行车、红梅牌照相机、星球牌录音机、幸福牌电视机、荷花灯舞牌灯芯绒、文笔塔牌印花双面绒、水月牌什色卡其布等。难怪当时有人这么形容常州人：穿名牌衣服，盖名牌面料，骑名牌车子，背优质照相机，拎优质录音机，家里还放一台幸福牌电视机。

工业遗产与其他文化遗产最大的不同，是它所蕴含的具有时代特色的技术价值。20世纪80年代初期，常州作为全国明星城市期间，国光1937所在的原常州第二无线电厂曾创造了四项国家顶级荣誉：常州智造、中国骄傲。

中国第一代汉字终端机（HZ8401），计算机中文显示实现“零”的突破，获国家科技进步一等奖；中国第一台数字电报机（SC801），军方大量使用，中共中央、国务院、中央军委特电嘉奖，获全国科学大会奖；中国第一台中型电子计算机（DJS200），获国家科技进步奖；中国第一台国产“猫”—调制解调器（FM2400），获国家质量金奖。

中央政府对常州的成就和经验都给予充分肯定，1977年4月，常州市被表彰为学大庆先进城市，全国掀起了“中小城市学常州”的热潮；1981年，胡耀邦批示“希望全国一半城市都能像常州一样”；1982年1月，国务院总理赵紫阳“认为常州市经济建设的经验值得总结推广”，4月，国务院确定常州为全国经济体制综合改革试点城市，以“改革城市”“工业明星城市”闻名全国；1986年，常州列为全国首批金融体制改革试点城市，常州有了“中国经济体制改革的摇篮”的美誉，各国、各城市赴常州来学习、交流发展经验的人络绎不绝，崛起的工业城市——常州，成为一颗耀眼的明星。数据显示：从1980年到1984年，常州共接待了全国各地由市以上领导干部带队的代表团3000多个，共3.8万余人次；此外，还有1.7万外国友人来常州考察。胡耀邦、赵紫阳、万里等时任中央领导人都在常州留下了足迹，常州人创造了前所未有的辉煌。

如今，历经数千年历史风尘的洗礼与萃取，铸就了常州的文化品格，涵养了常州人的精神特质，成为常州展示形象的城市名片、凝心聚力的力量源泉和砥砺奋进的豪迈底气。

常人重德轻财。如今常州民间流传着许多表达通俗但思想深刻的道德谚语，如“染青缸里拎不出红布来”“竹不可没叶没枝没节、人不可没皮没骨没血”“正直得一钱，胜过奸诈得千钱”。

“事事争当第一流，耻为天下第二手”，改革开放时期，常州又与无锡、苏州的乡镇企业一起，形成了蜚声海内的苏南模式，并产生了“四千四万”精神，2017年12月召开的中共江苏省委十三届三次全会，提出了新“四千四万”精神，进一步丰富了内涵，体现了时代特征和发展要求。

经济总量迈上6000亿元台阶，人均地区生产总值突破2万美元，稳居全国城市综合竞争力30强，跻身福布斯中国大陆最具创新力城市10强，民营经济活力指数位居中国第一位，获批国家历史文化名城，创成全国文明城市、国家生态市、国家森林城市、中国优秀旅游城市、国家卫生城市、国家园林城市、国家环境保护模范城市、全国双拥模范城市、全国科技进步先进市、全国文化体制改革先进地区，摘得中国人居环境综合奖和中国人居环境范例奖。除了取得的这一项项荣誉之外，常州还拥有3张重要的城市名片。

1. 智能制造名城

近年来，常州市顺应工业4.0时代潮流，紧跟“中国制造2025”步伐，坚定不移推进“三位一体”工业经济转型升级战略，运用“四新”提升制造业水平，加速“常州制造”向“常州智造”转型，全力建设全国一流的智能制造名城。2017年，全市规模以上工业总产值达12671.68亿元，工业应税销售超过万亿元，规模以上工业企业超4100家，拥有1家千亿级企业，16家超百亿元工业企业，200多家行业“隐形冠军”，1231家高新技术企业，高新技术产业产值占比44.5%，R&D占比达2.69%。常州是国内最大的特高压输变电设备制造基地，变压器市场占有率全国第一。常州是国内六大工程机械制造基地之一，大中吨位挖掘机销量全国第一。常州的城市轨道交通车辆内装系统、车载电控产品市场占有率全国第一。常州的机器人产业在全国处于第一方阵，产销量占全国四分之一。常州是全球最大的太阳能光伏生产基地，光伏技术世界领先。常州的农业机械产品销量占全国六分之一。常州的石墨烯产业跻身国际前沿，承办世界石墨烯创新大会，创造了10项“世界第一”，先进碳材料产量占全国二分之一，“东方碳谷”品牌日益打响。常州的新能源汽车及汽车核心零部件产业已经从追赶式发展向引领式发展迈进，呈现出“电动化、智能化、网联化、共享化”特点。

2. 技能名城

常州一直以来非常重视高水平技术技能人才培养，是全国知名的职教名城，是长三角地区有名的银领摇篮。全市共有4所大学和24所职业院校，每年有10多万名大中专学生毕业，学校毕业生一次性就业率达99%以上，每万名劳动者中高技能人才数连续4年全省第一。邓建军，十九大党代表，参加工作20多年来，共解决企业重大技术难题23项，参与技改项目近500项，独立完成150项，其中染浆联合机——车速改造技术这一项就创造经济效益3000多万元。常州技师学院机械工程系学生宋彪，在2018年第44届世界技能大赛上，荣获最高奖阿尔伯特·维达尔大奖，成为常州新生代“大国工匠”，受到李克强总理亲切接见。常州市的高技能人才层出不穷，形成了梯队优势。职教名城也成为了常州的发展优势之一，更成为了招商引资时的一张重要名片。

3. 改革名城

常州是一座富有改革创新传统的城市。常州籍著名实业家盛宣怀曾开创了 11 项“中国第一”。20 世纪 80 年代，常州是全国最早的经济体制综合改革试点城市。近年来，常州市全面深化改革，取得了积极成效。建设项目“五联合、一简化”联审联办机制得到李克强总理批示肯定。武进区农村土地制度“三项改革”试点在全国实现“七个率先”。2018 年，常州市 IPO 过会的几家企业也创造了多个“第一”：永安行成为全国共享单车第一股，碳元科技成为全国石墨烯第一股，雷利电机成为全国以出让方式取得集体经营性建设用地使用权第一股，天目湖成为江苏旅游景区第一股。所有这些充分表明，常州在改革方面有着骄人的业绩。

未来，常州将立足产业优势，顺应时代潮流，坚定不移地推进“三位一体”工业经济转型升级战略，通过持续实施十大产业链建设，推动战略性新兴产业发展，促进制造业结构转型升级。新一轮十大产业链建设可以概括为“五新三高两智能”，其中，“五新”是指新能源汽车及汽车核心零部件、新材料、新一代信息技术、新能源产业、新医药及生物技术；“三高”是指高端轨道交通装备、航空装备、节能环保；“两智能”是指智能制造装备和智能电网。目前常州全市正在通过各方面的共同努力，将“升级版”的十大产业链建设成为全市工业经济实现创新驱动、转型升级的重要载体和支撑，为常州经济社会持续、快速、健康发展作出更大贡献。

天宁概况

天宁区是常州市的主城区，因有 1300 多年历史的“东南第一丛林”天宁禅寺坐落其间而得名，全区区域面积 154 平方千米，呈东西长方形形状，东西长 27 千米，平均宽 7 千米，东边以焦溪舜山为界，与江阴南宅接壤；南边以新运河、人民路、东方大道为界，与武进、经开区接壤；西边以长江路、晋陵路为界，与钟楼区接壤；北边以龙城大道、芙蓉大道为界，与新北区、江阴临港新城接壤。全区户籍人口 47.34 万人，常住人口 65.3 万人，下辖 1 个省级开发区、1 个镇、6 个街道。常州老城厢东至丽华北路，南至京杭大运河老线段，西至西涵洞河，北至关河东路，总面积 5.51 平方千米，其中 3.8 平方千米在天宁境内。“江南名人第一巷”青果巷、常州文脉所系的前后北岸两个历史文化街区坐落天宁，世界文化遗产京杭运河穿城而过，寺墩遗址、焦溪古村、张太雷故居等 67 处各级文化保护单位星罗棋布，成就了“常州文化在天宁”的美名。

天宁注重创新创造，始终把高质量发展作为区位核心竞争力的首项，在《人民日报》发布的 2018 年中国中小城市科学发展指数研究成果中，有 4 项指数跻身全国百强：全国综合实力百强区排名第 77 位，三年提升了 11 位；绿色发展百强区排名第 47 位；科技创新百强区排名第 46 位；新型城镇化质量百强区排名第 65 位。

天宁区工业经济良好，2017 年全区实现规上工业总产值 1202.4 亿元，同比增长 12.3%，开票销售收入 516.9 亿元，增长 14.4%，具有以下四大支柱行业。

1. 纺织服装印染产业年总产值 490.4 亿元、占比 40.8%，代表企业有黑牡丹、华利达、东奥服装、艾贝服饰、旭荣针织等，其中，印染行业总产值 249.8 亿元，占比 20.8%。

2. 智能制造产业年总产值 384.8 亿元，占比 32%，标志企业有金源铜业、武进不锈、伊顿电力、曼淇威等。

3. 新能源及新材料产业年总产值 118.5 亿元，占比 9.9%，代表企业有亚玛顿、天晟新材、强力先端等，其中，化工行业总产值 65.87 亿元，占比 5.5%。

4. 生物医药产业年总产值 71.7 亿元，占比 6%，标志企业有常州四药、常州制药、佳尔科药业等。

目前，全区拥有规上工业企业 402 家，其中，产值规模超 100 亿元企业 1 家（金源铜业），30～50 亿元企业 1 家（华利达），20～30 亿元企业 3 家（武进不锈、润源电力、常州四药），10～20 亿元企业 20 家，5～10 亿元企业 30 家，1～5 亿元企业 100 家。2017 年，全区税收超千万元企业 40 家。

全区共有行业小巨人企业 20 家，高新技术企业 81 家，2017 年完成高新技术产业产值 360 亿元，万人发明专利拥有量达 20.67 件，目前共建有“三站三中心”121 家，其中，省级工程技术研究中心 26 家。常州四药和悦达卡特均获国家科技进步二等奖，其中，常州四药是第十九届中国专利优秀奖得主，并取得了省战略性新兴产业发展专项 900 万元资金支持；新动力创业服务中心被评为国家级科技企业孵化器和国家级众创空间；检验检测认证产业园获批江苏省科技服务业特色基地；亚玛顿高性能石墨烯光伏组件关键技术研发项目获批省重点研发计划（产业前瞻与共性关键技术）重点项目 840 万元。近三年来，全区科技型企业累积争取上级科技经费支持共计 14232.6 万元。

上市企业方面，全区拥有主板上市企业 4 家，分别是黑牡丹、天晟新材、亚玛顿和武进不锈，新三板挂牌企业 14 家。拟培育亚东科技、骠马智能、千家万铺、艾贝服饰、东海证券等 9 家企业主板上市，菲莫斯桶业、汉威信电子、瑞曦生物、瑞讯电子等 20 家重点企业新三板挂牌。全区拥有红星、月星、大娘水饺、丽华快餐等 4 个从天宁走出去的全国知名品牌。目前，共有中国驰名商标 10 件、江苏省著名商标 49 件、省长质量奖 1 件、省质量管理优秀奖 1 件。

在 2017 年度全市“创新争星、做强做优”活动中，以四药公司屠永锐为代表的 4 名企业家被评为杰出企业家，以华利达张文昌、金源铜业夏成军、武进不锈朱国良、亚玛顿林金锡为代表的 12 名企业家被评为工业明星企业家。

未来，天宁区将紧紧围绕市第十二次党代会提出的建设“全国一流的智能制造名城、长三角特色鲜明的产业技术创新中心、全国领先的产城融合示范区”的发展目标，结合天宁实际，到“十三五”期末，初步把天宁建设成为全市新兴产业活力最强，创新创业环境最佳，人居生活品质最优，国际化程度、高端人才集聚程度和社会文明程度最高的现代化城区，力争主要经济指标在全市所占份额进一步上升，为全市建设“一城一中心一区”作出天宁贡献。

新兴产业活力最强。聚焦“四新”经济，瞄准“互联网+”，加速生产性服务业与制造业深度融合，加速生活性服务业线上线下深度融合，加速现代农业生产与休闲体验深度融合，实现一、二、三产业活力更强，后劲更足。到2020年，形成以工业互联网、智能驾驶、检验检测认证等产业集群，培育营业收入超千亿级新兴产业平台1～2家，形成税收超3000万元特色楼宇15座以上，建成现代共享农庄26个，基本形成“新兴产业为主导、先进制造业为支撑、休闲观光农业为特色”的现代产业体系。

创新创业环境最佳。巩固提升中心城区功能配套完善优势，以政策提优、主体培育、载体建设、科技进步、氛围营造为抓手，着力营造“全要素、低成本、便利化、开放式”的创新创业环境。到2020年，基层政务公开国家级试点取得阶段性成效，“证照联办”市级事项和“工业50”目标实现全覆盖，不见面审批率达95%以上；引进国外智力项目20个左右，领军人才创新创业项目落户40个左右，培育高新技术企业超过100家；新建标准厂房、孵化器、加速器、众创空间等载体平台300万平方米以上，建成“三站三中心”不少于120家，集聚创业投资类机构50家以上。

人居生活品质最优。加快老城更新和新城建设步伐，全力推进基础设施建设、生态环境优化、公共服务完善，打造整洁、有序、美丽的宜居城区。到2020年，新建学校6所、新增基层卫生服务中心3家，完成棚户区改造7500户，新建道路30条，新增绿化总面积300公顷以上，空气质量优良天数占全年比重超过70%。15分钟生活圈基本建成，以家为中心，15分钟可步行到达较为完善的养老、医疗、教育、商业、交通、文体、公园等公共服务设施。

国际化程度最高。实施更加积极主动的开放战略，拓宽对外开放的深度和广度，加大国际化交流、创优国际化环境、培育国际化企业，提升天宁美誉度和核心竞争力。到2020年，建成国际学校3所以上、国际医院1家以上、国际社区1个以上，推进跨国公司区域总部加快集聚，新增缔结国际友好城市2个。积极承办“一带一路”国家质量基础设施合作（天宁）论坛等国际交流活动，通过香港经贸活动周、上海经贸活动周、天宁旅游节等活动，提升天宁影响力。

高端人才集聚程度最高。坚持党管人才原则，实施十大人才工程，做亮“才富天宁”工作品牌，全面提升区域人才竞争力。到2020年，区域人才资源总量达14万人，年均增长8.5%左右；新增高端人才不少于2500人，高端人才数占区域人才资源总量比例6.5%以上，区域人力资本投资占GDP比例达18.2%，形成一批在各行各业发挥核心作用的人才群体和具有核心技术的高新技术产业群体。

社会文明程度最高。大力弘扬“社会公德、职业道德、家庭美德、个人品德”，培育和践行社会主义核心价值观，提高市民文明素质，营造良好社会风尚。到2020年，新创省级以上文明单位、村(社区)、校园15家以上，居民综合阅读率达到92%以上，注册志愿者占城镇人口比例达到20%以上；建立覆盖全社会的征信系统，诚信体系评价指数全市领先，公众安全感、法治建设满意度保持全市前列。

参 考 文 献

［1］ 常州市地方志编纂委员会．常州市志 1986—2010［M］．北京：方志出版社，2017.

［2］ 常州市地方志编纂委员会．常州市志 1986—2010（第二册）［M］．北京：方志出版社，2017.

［3］ 常州市地方志编纂委员会．常州年鉴 2017，［M］．北京：方志出版社，2017.

［4］ 邵继勇．中小企业集群与经济发展［M］．北京：科学出版社，2007.

［5］ 乌家培，李文瑞．常州工业发展的道路［M］．北京：人民出版社，1979.

［6］ 德国工业 4.0 平台．基于价值的场景服务［R］．德国：德国工业 4.0 平台，2018.

［7］ 中国信息化百人会．2017 中国数字经济发展报告［R］．北京：中国信息化百人会，2018.

［8］ 王建伟．大化无痕——两化融合强国战略［M］．北京：人民邮电出版社，2017.

参考政府文件

[1] 2018年政府工作报告［EB/OL］.［2018－03－05］.http：//www.mod.gov.cn/topnews/2018－03/05/content_4805962.htm.

[2] 工信厅科函〔2018〕83号：工业和信息化部办公厅关于做好2018年工业质量品牌建设工作的通知［EB/OL］.［2018－03－05］.http：//www.miit.gov.cn/newweb/n1146295/n1652858/n1652930/n3757016/c6083000/content.html.

[3] 工信部联科〔2018〕154号：两部门关于印发国家智能制造标准体系建设指南（2018年版）的通知［EB/OL］.［2018－08－04］.http：//www.mit.gov.cn/gdnps/content.jsp? id＝6428869.

[4] 中国制造2025［EB/OL］.［2015－05－19］.http：//www.gov.cn/zhengce/content/2015－05/19/content_9784.htm，中华人民共和国中央人民政府网。

[5] 标准联通"一带一路"行动计划（2015－2017）［EB/OL］.［2015－10－22］.http：//www.ndrc.gov.cn/gzdt/201510/t20151022_755473.html，http：//www.ndrc.gov.cn/gzdt/201510/t20151022_755473.html，中华人民共和国国家发展和改革委员会网。

[6] 工信部信软〔2015〕440号：国务院关于积极推进"互联网＋"行动的指导意见行动计划（2015—2018年）［EB/OL］.［2015－11－22］.http：//www.gov.cn/zhengce/2015－11/25/content_5042926.htm.

[7] 国家智能制造标准体系建设指南（2015年版）［EB/OL］.［2015－12］.http：//www.mit.gov.cn/n1146285/n1146352/n3054355/n3057585/n3057589/c4570069/content.html，中华人民共和国工业和信息化部网。

[8] 机器人产业发展规划（2016－2020年）［EB/OL］.［2019－04］.http：//www.miit.gov.cn/n1146285/n1146352/n3054355/n3057585/n3057589/c4696346/content.html，中华人民共和国工业和信息化部网。

[9] 中华人民共和国国民经济和社会发展第十三个五年规划纲要［EB/OL］.

[2016-03-17]. http://www.gov.cn/xinwen/2016-03/17/content_5054992.html，中华人民共和国中央人民政府网。

[10] 工信部装〔2016〕125号：工业和信息化部关于开展智能制造试点示范2016专项行动的通知[EB/OL]. [2016-04-11]. http://www.miit.gov.cn/n1146295/n1652858/n1652930/n3757018/c5360117/content.html.

[11] 国质检标联〔2016〕396号：装备制造业标准化和质量提升规划[EB/OL]. [2016-08-01]. http://www.miit.gov.cn/n1146290/n4388791/c5180173/content.html.

[12] 国务院：国务院关于深化"互联网+先进制造业"发展工业互联网的指导意见[EB/OL]. [2017-11-27]. http://www.gov.cn/zhengce/content/2017-11/27/content_5242582.htm.

[13] 发改高技[2016]1078号："互联网+"人工智能三年行动实施方案[EB/OL]. [2016-05-18]. http://www.gov.cn/xinwen/2016-05/23/content_5075944.htm.

[14] 中办发〔2016〕48号：国家信息化发展战略纲要. [2016-07-27]. http://www.gov.cn/xinwen/2016-07/27/content_5095297.htm.

[15] 工信部联电子〔2016〕302号：智能硬件产业创新发展专项行动（2016—2018年）[EB/OL]. [2016-09-19]. http://www.miit.gov.cn/n1146295/n1146592/n3917132/n4062007/c5259057/content.html.

[16] 工信部联规〔2016〕349号：智能制造发展规划（2016—2020年）[EB/OL]. [2016-12-08]. http://www.miit.gov.cn/n1146295/n1652858/n1652930/n3757018/c5406111/content.html.

[17] 工信部规函〔2017〕351号：2017年工业转型升级（中国制造2025）资金（部门预算）项目指南的通知[EB/OL]. [2017-08-21]. http://www.miit.gov.cn/n1146285/n1146352/n3054355/n3057267/n3057273/c5766625/content.html.

[18] 工信部节〔2017〕265号：高端智能再制造行动计划（2018-2020年）[EB/OL]. [2017-10-31]. http://www.miit.gov.cn/n1146295/n1146592/n3917132/n4061768/c5900275/content.html.

[19] 工信部科〔2017〕315号：促进新一代人工智能产业发展三年行动计划（2018—2020年）[EB/OL]. [2017-12-14]. http://www.miit.

gov. cn/n1146295/n1652858/n1652930/n3757016/c5960820/content. html.

［20］ 工信部信软［2017］316 号：工业控制系统信息安全行动计划（2018—2020 年）［EB/OL］.［2017-12-12］. http：//www. miit. gov. cn/newweb/n1146290/n4388791/c5996116/content. html.

［21］ 国务院：关于深化“互联网＋先进制造业”发展工业互联网的指导意见［EB/OL］.［2017-11-19］. http：//www. gov. cn/zhengce/content/2017-11/27/content_5242582. htm.

［22］ 工信部信管函〔2018〕188 号：工业互联网发展行动计划（2018—2020 年）［EB/OL］.［2018-05-31］. http：//www. miit. gov. cn/n1146295/n1652858/n1652930/n3757016/c6212005/content. html.

［23］ 工信厅信软函〔2018〕185 号：关于组织开展 2018 年制造业与互联网融合发展试点示范工作的通知［EB/OL］.［2018-05-24］. http：//www. miit. gov. cn/n1146295/n1146592/n3917132/n4062056/c6212915/content. html.

参考网站及信息

[1] 漫谈“工业互联网”与“智能制造”［EB/OL］.［2018-03-26］. https://mp.weixin.qq.com/s?src=11&timestamp=1557120650&ver=1589&signature=hyp990cXvmvIeaw7S8qWO8xqIhvKZpGcdPNxNELtvFU1b*y0SXBr4tON9zbU3P2iWjiRCygdZoYBWBgMBa5wSjTYcE0Zgz4tpirSVVpFM1qRdZndwZ4-1WltwVYAIksk&new=1.

[2] Predix 云平台［EB/OL］. https://www.zdnet.com/article/ge-unveils-predix-cloud-for-industrial-data-analytics/.

[3] Gartner 公司［EB/OL］. https://www.gartner.com/doc/reprints?id=1-4FI0SKZ&ct=170927&st=sb&mkt_tok=eyJpIjoiWW1VNFpHVTJZMkV5WTJKaSIsInQiOiIrR3BaWjNQcGwwaURxNTFkekk4a0FRbGF2MDZvY1Z3dlZtaEhlSWYyK1RZc2FrQTlXK3h6bFwva2xJXC9TY25kSDhDYTZreGtTSFNmWXZUZVhnSFF5OEFiZ1dXNk5xS0FGNkJcL2tCaHhyS3d1bmZ3M1VTd2M3TDFsWjFnY3A1dnB3MiJ9.

[4] 常州统计［EB/OL］. http://tjj.changzhou.gov.cn/html/tjj/2018/OPOEMFCL_0305/15261.html.

[5] 江苏省机械工业网［EB/OL］. http://www.sumia.org/newsdetails.aspx?id=3173.

[6] 江苏省经济和信息化委员会网［EB/OL］. http://www.jseic.gov.cn/xwzx/zcfb/bwzc/201707/t20170703_211412.html.

[7] 2017 年度全国投资潜力百强区排行榜［EB/OL］.［2017-10-11］. http://www.sohu.com/a/197368829_642249，搜狐网。

[8] 知识自动化：常州本是装备王，苏南繁星岂无常［EB/OL］.［2018-07-19］. https://mp.weixin.qq.com/s/mC52ZfFnyfpJbvpjMuV1tg.

[9] 中国报告大厅：2016 年中国制造业产值统计.［2017-09-14］. http://www.chinabgao.com/k/15137zhizaoye/29118.html.

[10] 奋进［EB/OL］.［2018-04-26］. http://epaper.cz001.com.cn/

site1/czrb/html/2018 - 04/26/content _ 199108. htm. 常州日报—数字报纸。

[11] 航天科工：打造中国特色工业互联网［EB/OL］．［2018 - 08 - 17］. http：//www. casicloud. com/news/111629. html，航天云网。

[12] 私营经济活力足，常州跻身商业城市十二强［EB/OL］．［2014 - 12 - 28］．http：//www. changzhou. gov. cn/ns _ news/415142333304159，江苏省常州市人民政府网。

[13] 中国中小企业信息网［EB/OL］．http：//www. sme. gov. cn/cms/news/100000000000083/2018/3/7/a7e1271565. 6f4aeb92a6ec458d41dea5. shtml.